国家职业教育
市场营销专业教学资源库

"十四五"职业教育国家规划教材

国家职业教育市场营销专业教学资源库配套教材

icve 智慧职教　高等职业教育在线开放课程新形态一体化教材

U1010422

广告原理与实务

（第二版）

主　编　郑承志

中国教育出版传媒集团
高等教育出版社·北京

内容提要

本书是“十四五”职业教育国家规划教材、国家职业教育市场营销专业教学资源库配套教材。

国家职业教育市场营销专业教学资源库建设项目对贯彻落实“高等职业学校市场营销专业教学标准”，推动教师、教材、教法“三教改革”，提高人才培养质量，发挥了重要作用。

本书结合近年来高等职业教育教学和课程改革实践，本着“任务驱动、工学结合、能力培养”的原则，在传承比较成熟的教材内容框架和结构的基础上，对“广告认知、广告策划、广告创意、广告文案、广告媒体、广告效果评价”6个模块内容进行了全面优化，对案例、数据与部分功能性栏目进行了更新，力求反映最新的教学理念和最前沿的行业企业态势。

本书既可供高等职业院校和高等专科学校市场营销专业、广告策划与营销专业及相关专业的学生使用，也可作为市场营销研究与教学人员的参考用书，还可作为广告策划机构、企业市场部的职工培训用书。

本书配有PPT、课后题答案、二维码等配套资源。本书使用者可通过访问“智慧职教”（http://www.icve.com.cn）平台，在线学习“广告原理与实务”数字课程；亦可按照“郑重声明”页的资源服务提示获取其他资源服务。

图书在版编目（CIP）数据

广告原理与实务 / 郑承志主编. -- 2版. -- 北京 : 高等教育出版社, 2019.11（2025.2重印）
ISBN 978-7-04-053021-6

Ⅰ. ①广… Ⅱ. ①郑… Ⅲ. ①广告学－高等职业教育－教材 Ⅳ. ①F713.80

中国版本图书馆CIP数据核字(2019)第248703号

广告原理与实务（第二版）
GUANGGAO YUANLI YU SHIWU

策划编辑 贾若曦　责任编辑 杨 莉　封面设计 张 志　版式设计 于 婕
插图绘制 于 博　责任校对 马鑫蕊　责任印制 高 峰

出版发行 高等教育出版社
社　　址 北京市西城区德外大街4号
邮政编码 100120
印　　刷 固安县铭成印刷有限公司
开　　本 787mm×1092mm 1/16
印　　张 13.5
字　　数 250千字
购书热线 010-58581118
咨询电话 400-810-0598

网　　址 http://www.hep.edu.cn
http://www.hep.com.cn
网上订购 http://www.hepmall.com.cn
http://www.hepmall.com
http://www.hepmall.cn
版　　次 2015年8月第1版
2019年11月第2版
印　　次 2025年2月第5次印刷
定　　价 44.50元

物 料 号 53021-A0

“智慧职教”服务指南 <<<<<<<<<

“智慧职教”（www.icve.com.cn）是由高等教育出版社建设和运营的职业教育数字教学资源共建共享平台和在线课程教学服务平台，与教材配套课程相关的部分包括资源库平台、职教云平台和App等。用户通过平台注册，登录即可使用该平台。

● 资源库平台：为学习者提供本教材配套课程及资源的浏览服务。

登录“智慧职教”平台，在首页搜索框中搜索“广告原理与实务”，找到对应作者主持的课程，加入课程参加学习，即可浏览课程资源。

● 职教云平台：帮助任课教师对本教材配套课程进行引用、修改，再发布为个性化课程（SPOC）。

1. 登录职教云平台，在首页单击“新增课程”按钮，根据提示设置要构建的个性化课程的基本信息。

2. 进入课程编辑页面设置教学班级后，在“教学管理”的“教学设计”中“导入”教材配套课程，可根据教学需要进行修改，再发布为个性化课程。

● App：帮助任课教师和学生基于新构建的个性化课程开展线上线下混合式、智能化教与学。

1. 在应用市场搜索“智慧职教icve”App，下载安装。

2. 登录App，任课教师指导学生加入个性化课程，并利用App提供的各类功能，开展课前、课中、课后的教学互动，构建智慧课堂。

“智慧职教”使用帮助及常见问题解答请访问help.icve.com.cn。

第二版前言

本书根据国务院印发的《国家职业教育改革实施方案》(国发〔2019〕4号)，以及教育部办公厅、财政部办公厅联合印发的《关于开展中国特色高水平高职学校和专业建设计划项目申报的通知》(教职成厅函〔2019〕9号)精神，按照“遵循教书育人规律和技术技能人才成长规律，坚持育德与修技并举、立德树人与服务经济社会并重”，推进教师、教材、教法“三教”改革，专业教材随信息技术发展和产业升级情况及时动态更新等要求，结合党的二十大对教材建设提出的新要求，在对上一版教材内容重新梳理与精简整合的基础上，增加了最新行业企业实践、国内外广告研究的最新理论与实务成果，力求反映最新的教学理念和最前沿的行业企业态势，促进人才培养质量的提高。此次修订突出如下特色：

一是寓价值观引导于知识传授和能力培养中。党的二十大报告指出，“育人的根本在于立德。全面贯彻党的教育方针，落实立德树人根本任务，培养德智体美劳全面发展的社会主义建设者和接班人。”编写团队坚决贯彻党的二十大精神，突出育人功能，强化广告知识与立德树人的深度融合，帮助学生树立社会主义核心价值观。

本次修订注重挖掘教材中的课程思政元素，以广告学中的人文价值为基础，引导学生弘扬和践行社会主义核心价值观。每章均设置有知识、技能、素养三维学习目标，同时选用兼具品牌精神和教育意义的优秀广告案例、图片，还在章末设有相关能力测评，引导学生对职业技能与文化素养进行自评自测。

二是知识内容整合力求科学。在传承比较成熟的教材内容框架和结构的基础上，结合近几年课程理论和实操发展变化情况，按照“任务驱动、工学结合、能力培养”的原则，优化了知识体系与结构；根据高职学生的生源基础、培养目标定位，本着“易学、实用、够用”的原则，删除并更新了陈旧过时的教学内容；同步修订调整了拓展阅读、技能训练等栏目。

三是案例与数据全面更新。为体现新版教材的时效性，也为了适合“00后”学生的阅读习惯，使年轻学生有亲切感，除保留部分经典案例外，全面更新了相关实务数据、广告案例以及各栏目中的相关内容，尤其是适当增补了“互联网+”时代下最新广告理论与实务及案例内容，以小见大、图文并茂，增强情景感、现实感，充分体现本书的时效性和前沿性，发挥铸魂育人实效。

四是“理实一体化”成功体现。本书是国家职业教育市场营销专业教学资源库配套教材修订版，按照“原理先行、实务跟进、案例同步、实训到位”的原则，将诸多先进的教学方法运用于具体教学活动、功能性专栏和课后训练，通过“引例”“同步案例”“拓展阅读”“能力测评”等教学栏目，提高学生的职业素养、学习效果和实践能力。

本书由郑承志教授主编，具体承担拟定提纲、组织修订及全书总纂定稿等工作。参加具体修订工作的有郑承志教授（第1、2、5章）、郑晓明副教授（第3章）、崔景茂教授（第4章）和徐翔副教授（第6章）。

在本书修订过程中，编写团队参阅了不少文献，得到了高等教育出版社、安徽商贸职业技术学院等有关单位领导，陕西财经职业技术学院叶雉鸠副教授、高等教育出版社赵洁编审等专家的支持，在此一并致谢！

受条件与水平限制，本书的不妥与疏漏之处仍在所难免，敬请广大同行和读者指正，以便修订完善。

编者

2023年7月

第一版前言 <<<<<<<<<

在教育部职业教育与成人教育司和高等教育出版社的支持下，在高等职业教育市场营销专业教学资源库建设项目项目组的统一组织下，我们编写了本教材。本教材是高等职业教育市场营销专业教学资源库建设项目的子项目“广告原理与实务”的成果之一。

本教材的编写，以全面贯彻落实《教育部关于全面提高高等教育质量的若干意见》（教高［2012］4号）、2014年全国职业教育工作会议精神为指导，按照“服务需求、就业导向”的要求，以能力培养为主线，突出广告的基本原理、基本方法的学习与广告管理技能的培养，体现了高等职业教育的应用性、技术性与实用性特点。为体现国家资源库教材的特色，在内容上，本教材以岗位需要和职业标准为依据，按照“任务驱动、工学结合、能力培养”的原则，将教材总体框架分为6个模块，将广告原理与实务知识讲授、基本技能培养贯穿于每一个具体的学习任务；在形式上，基于能力本位，侧重于设计新型练习与思考项目，如大幅增加图、表、案例的比例，设置“引例”“同步案例”“拓展阅读”“文化素养”“小试牛刀”“同步训练”“技能训练”“能力测评”等栏目，努力追求达到提高学生的学习效果和实践能力的目标。

本教材由郑承志教授主编，具体承担拟订提纲、组织编写及全书总纂定稿等工作。参加编写的有郑承志教授（第1章、第2章）、郑晓明副教授（第3章）、崔景茂副教授（第4章）、叶雉鸠副教授（第5章）、徐翔副教授（第6章）。

本教材在编写过程中，参阅了不少文献，得到了高等教育出版社、山东商业职业技术学院、安徽商贸职业技术学院等有关单位领导，特别是上海商学院宋文官教授、北京财贸职业学院王茹芹教授、山东商业职业技术学院马广水研究员、高等教育出版社高等职业教育事业部经管分社社长赵洁等专家的支持，在此一并致谢！

受编写条件与水平限制，本教材的不妥与疏漏之处在所难免，敬请广大的同行、读者关注与帮助，以便修订与完善。

编者

二〇一五年五月

目录 <<<<<<<<<

第1章 广告认知

【学习目标】

通过本章学习，应该达到以下目标：

- 知识目标：

学习和把握广告的基本概念，明确广告的功能与原则，能够认识、分析广告的特征，熟悉广告的基础理论，掌握广告定位理论、广告的产生和我国近代与现代广告的发展历程。

- 技能目标：

分析和把握具体广告的功能，能运用广告理论分析广告定位，能结合企业与产品或劳务的实际，研判具体广告的功能，提高对广告的认识。

- 素养目标：

养成关注经济社会广告的习惯，理解广告的功能与原则，树立广告诚信意识。

【内容结构】

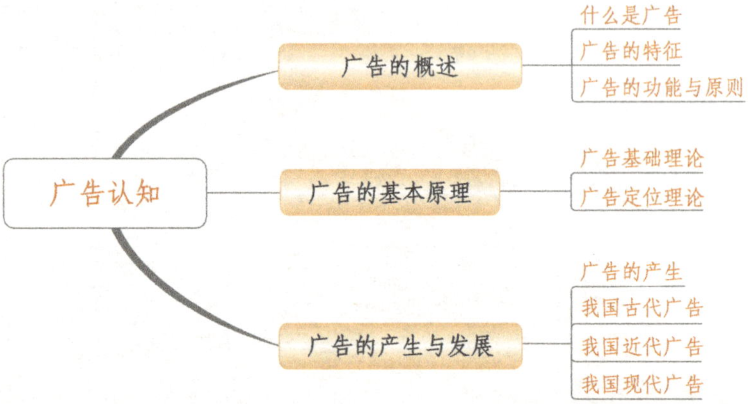

引例 大唐漠北的最后一次转账

2019年8月，中国银联投放了广告《大唐漠北的最后一次转账》，其宣传海报如图1-1所示。为拍摄这条近16分钟的电影级广告，中国银联耗费了很多资源，广告团队也投入了很多心血。这条广告用满满的诚意表达了中国的文化内核，体现了“推进文化自信自强”的党的二十大精神，是一个值得深入分析的社会化营销广告案例。

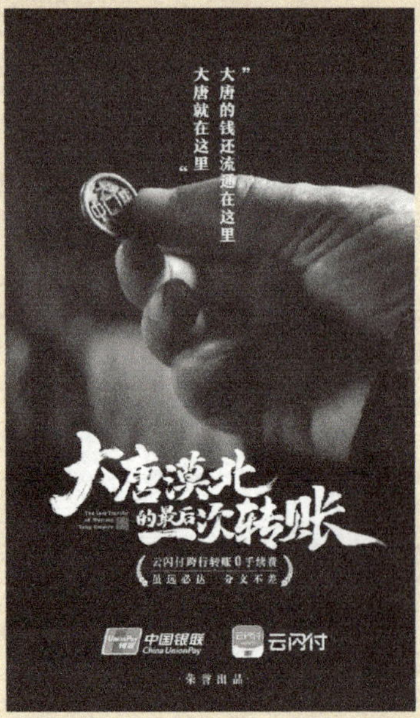

图1-1 《大唐漠北的最后一次转账广告》宣传海报

这条广告并非胜在创意，而是胜在立意以及花在细节上的“笨功夫”。大多数转发传播者都在标题和内文里强调同一个信息：这是中国银联云闪付的广告。而评论里，很多观众也在推荐云闪付。或许，人们是在通过这种方式回报中国银联。该视频投放仅三天，就获得1亿次阅读量、5 000万次播放量。

对于广告，比起幽默、情感、热点等热门主题，选择历史故事的题材非常冒险。在决策过程中，中国银联和广告团队都把这支微电影广告当成真正的电影来看待。长视频更容易讲好“厚重”的历史内容，也更容易实现高潮迭起的广告效果。

该影片广告依靠悬念和电影级的质感吸引观众，很多广告在4分钟以内就已经结束了，但长视频却可以利用之前的铺垫，连续设置多个悬念和剧情高潮，让观众情绪达到很多广告无法触及的高度。第一个高潮在开始近4分钟的时候才抛出来，商人追出来问：“大唐的人马是不是要回来了？”双方在大漠中郑重地作揖而别。特别是片尾的“白发老兵+出塞军歌+星空字幕”，用缓慢的节奏抒发出浓烈的情感，更让人们难以忘怀。

云闪付跨行转账0手续费、中国银联的金融使命、货币支付对于全体中国人的意义、唐代历史背景、中国人几千年的家国信仰……当这些内容全都浓缩于一枚大唐建中钱币上时，我们突然发现，这个故事竟然变得如此纯粹。在结尾，广告对主题进行了升华：“中国人，从未改变对使命的信仰；中国银联相信，每一分钱都是一份使命……虽远必达，分文不差。”

思考：

1. 就广告所反映的社会文化、政治、经济等内涵而言，中国银联的这则广告反映了哪些现象？

2. 互联网时代，你印象中的广告有哪些新的变化？

1.1　广告的概述

1.1.1　什么是广告

广告，从汉语的字面意思解释，就是“广而告之”，即向公众通告某一件事，或劝告大众遵守某一规定。但是，这并不是广告的定义，只是说明广告是向大众传播信息的一种手段。

“广告”一词是外来语，源于拉丁文Adverture，意思是“大喊大叫”，以吸引人和引起人的注意。大约在14世纪，拉丁文Adverture演变成英文的

Advertise，意思是“使某人注意到某件事”，或者“通知别人某件事”。到了17世纪末，英国开始进入消费社会，大规模的商业活动日益兴起，这时，“广告”一词便广泛地流行并被使用。此时的广告开始被人们赋予现代意义，已不单指一则广告，而是指一系列的广告活动，Advertise一词转化成为Advertising。

1. 广告的定义

“广告”一词的演变，说明广告的内涵是随着时代的变迁、社会生产力的发展而不断演变的。广告的定义有广义与狭义之分。早期，人们通常把凡是以说服方式（包括口头方式、文字和图画等），有助于公众知晓的公开宣传活动都称为广告。这就是所谓广义的广告。广义的广告是指所有的广告活动，一切为了沟通信息、促进认识的广告形式都包括在内。如政府发布的公文、布告，单位或个人发布的通知、启事等，均属于广义广告的范畴。

广告的定义

我们现在所说的广告，通常被界定为狭义的广告。狭义的广告是指商业广告，也称经济广告。它专指发生在经济领域中带有商业目的的广告。这就把各种非经济广告，如公文、布告、通告、启事等均排除在广告的范畴之外。1890年以前西方社会对广告较普遍认同的一种定义也表明了这一点，即广告是有关商品或服务的新闻。例如，图1-2、图1-3所示的就是典型的商业广告。

图1-2　九阳豆浆机商业广告

图1-3　旺仔小馒头商业广告

《中华人民共和国广告法》[①]（简称《广告法》）中所称的广告，是指商品经营者或者服务提供者通过一定媒介和形式直接或者间接地介绍自己所推销的商品或者服务的商业广告。

中国福利彩票公益广告

随着广告业的不断发展和其对社会影响程度的日益加深，国内外有关广告的定义也越来越多。结合我国的实际情况，我们可以把广告定义为：广告是广告主在付费的基础上，利用传播媒介的特定的对象传递商品、劳务或观念的信息，以影响其行为的信息传播活动。

2. 广告的分类

总体上，广告可以按性质分为两大类：商业广告和非商业广告。商业广告是以盈利为目的而开展的广告活动，亦称营利性广告、经济广告；非商业广告则是为了达到某种宣传目的，不要求获得经济上的回报，而注重社会效益的广告活动，又称非营利性广告、公益广告。如图 1–4 所传递的城镇化时代的生态要求，就属于非商业广告。

图 1–4　“它们，同样需要家”的公益广告

这里，我们主要探讨商业广告的分类。商业广告种类繁多，根据不同的需要，可以从广告目的、广告对象、广告区域、广告诉求方式、广告媒体等多个层面来划分，如表 1–1 所示。

表 1–1　商业广告的分类

分类的标志	广告类别
广告目的	产品（服务）广告、企业形象广告、企业观念广告
广告对象	消费者广告、生产者广告、中间商广告

① 最新版本为 2021 年 4 月 29 日第二次修正版。

续表

分类的标志	广告类别
广告区域	全球性广告、全国性广告、区域性广告、地方性广告
广告诉求方式	理性诉求广告、感性诉求广告
广告媒体	报纸广告、杂志广告、广播广告、电视广告、户外广告、网络广告等

这里重点介绍按广告目的所分的三类广告：

（1）产品（服务）广告。主要是针对某个具体的产品或某种服务的广告，如东方树叶的广告：“东方树叶，不加糖的中国茶。”产品（服务）广告诉求的内容着重突出产品或服务的特征与魅力，以期加深消费者对产品（或服务）的印象，进而吸引消费者购买或消费。此类广告的内容主要包括：产品名称、商标、功能、特色、价格、使用方法、销售渠道；服务的内容、特色、收费标准、利益等。

长寿花金胚玉米油广告

产品（服务）广告按其达到目的的手段不同又分为三种，如表1-2所示。

表1-2 产品（服务）广告

报道式广告	对消费者如实报告和介绍其性质、用途（或利益）、价格等
说服式广告	突出品质优势，使消费者对某种品牌的产品加深印象
提醒式广告	提醒消费者不要忘记这种产品（服务），刺激重复购买

（2）企业形象广告。这是向公众展示企业实力、社会责任感和使命感的广告，通过与消费者和广告受众进行深层的交流，增强企业的知名度和美誉度，从而达到推销商品的目的。例如，华为的广告“您手中的世界五百强”，海尔的广告“海尔和你在一起”，飞利浦的广告“让我们做得更好”（见图1-5）等，均在公众心目中树立了良好的企业形象。实践证明，企业形象广告不仅有利于产品的销售，而且对于提高企业的社会地位和影响力，为企业在社会经济活动中充分发挥其作用，促进企业的发展都具有很大的好处。

浙商银行广告

（3）企业观念广告。这种广告又可分为政治性和务实性两类。政治性的企业观念广告，是指通过广告宣传，把企业对某一社会问题的看法公之于众，力求唤起社会的同感并与国家法律和社会道德观念相一致，从而赢得政府与公众的支持。民族品牌李宁运动服饰在北京奥运会期间的“同一血脉，中国制造”的广告，俨然把自己放置于民族旗手的位置，从而赢得公众支持，就是典型的一例。务实性的企业观念广告，是指建立或改变某企业或某一产品在消费者心目中的形象，从而形成或改变某一消费习惯或消费观念的广告，而这一观念的建立是有利于广告主获得长久利益的。例如，中国联通广告语“情系中国结，联通四海心”。

图1-5　飞利浦的广告

1.1.2　广告的特征

广告作为一种特殊的促销活动，具有如下特征：

1. 广告有明确的广告主

广告主也称广告客户，是广告行为的主体。《广告法》在界定“广告”时，特别明确了广告主的含义。广告主是指为推销商品或者提供服务，自行或者委托他人设计、制作、发布广告的自然人、法人或者其他组织。广告主作为广告的发起者，是发布广告的当事人，包括法人等经济组织、个人等。任何广告都应有可以识别的广告主，以便顾客了解广告的真实动机。

2. 广告是付费传播

做广告要支付广告费。广告费就是开展广告活动所支出的费用。广告是有偿的，这是它与新闻、公告等的重要区别。一方面，广告的调查、策划、设计与制作需要付出费用；另一方面，广告的媒体使用费往往占整个广告费用的 70% 左右。因此，广告活动需要经费支撑，广告主在进行广告活动时要编制广告预算，有计划、有步骤地进行广告活动，以节省广告费开支，提高广告的效益。

3. 广告是一种带有说服性质的信息传播活动

广告的最终目的，是使目标消费者接受广告信息，从而影响其购买行为，促进销售。广告要达到这一目的，只有采用诱导性的说服，才能影响广告对象的心理，使其认可与接受广告。反之，命令式的广告不仅不能为广告对象所接受，反而会令其反感。因此，广告必须根据不同传播对象的特点与要求，迎合消费者的兴趣和欲望，采取不同的劝导说服方式，使消费者易于和乐于接受广告信息而采取行动。例如，一则保护野生动物的公益广告采取换位思考的劝导方式，比直接说服制止人们停止杀戮野生动物更发人深思。

4. 广告具有特定的信息内容

广告所传播的信息内容，具有一定的规定性。现代商业广告传播的内容，不仅包括商品、劳务方面的信息，而且涉及形象、观念方面的内容。广告的内容，要求真实、简洁、生动、具体。同时，广告诉求的内容还要符合社会规范与道德规范，要受到一定的管理和约束。

5. 广告是一种非人际的销售推广活动

这里有两层关键含义：一是“非人际的”。这是广告与人员推销等由人员提示、说明等推广手段的最大区别。二是“销售推广活动”。广告并非都直接与销售有关系，虽然多数广告是直接刺激消费者，实现直接促销，但是也有些广告是以影响消费者为目的的。但归根到底，无论是哪种广告形式，总是以在或近或远的将来促进销售为目的。

1.1.3 广告的功能与原则

1. 广告的功能

广告的功能，是指广告的基本作用与效能。广告的功能主要包括以下几个方面：

（1）信息传播功能。信息传播指人们通过声音、文字或图像相互沟通信息的过程，是现代广告活动最基本的功能。广告活动依赖于各种媒体在生产者、经营者和消费者之间传播上述信息，实现信息沟通，促进社会经济的发展。广告传播信息有别于其他的信息沟通方式。其特点是：信息传播准确度高，干扰小；广告传播及时、迅速，覆盖面广；广告传播信息的预期值高。

（2）经济功能。广告的经济功能，是指广告在沟通产、供、销的整个经济活动中所发挥的经济作用和效能。广告的存在与发展，主要取决于其经济功能的发挥。表现在：广告在沟通产销渠道，疏通产、供、销关系上，起着桥梁作用；广告是企业竞争的重要手段，能使竞争压力变为动力，实现优胜劣汰。

（3）社会功能。广告既是一种经济现象，又是一种社会现象，必然反映社会生活的各种变化。广告的社会功能是指广告对现代社会的影响与作用。它从各个方面对人们产生重大的影响，成为现代社会中引人注意、增加了解、改变态度乃至支配行为的有效工具，如表 1-3 所示。

案例
房地产广告

表1-3　广告的社会功能

功能	表现
倡导文明与进步	广告在追求经济效益的同时，还要追求社会效益，倡导真、善、美，抑制副作用
培植正确的生活方式和观念	广告在传播信息的同时，把各种文明的、健康的、科学的生活方式传导给大众，成为维护共同的社会价值体系和维持良好的社会秩序的有力工具
传播新知识、新技术	广告在大张旗鼓地传递各种新产品的功能、质量、工作原理、使用与保养方法等的同时，有意识地承担起新知识、新技术的宣传与教育功能
心理功能	广告带有劝说性质的宣传活动，能引起消费者的理解、接受、记忆，诱发其对广告内容的好感，刺激购买欲望，促使其产生购买行为
美学功能	广告既是一门科学，又是一门独特的艺术。广告在传播信息的过程中，需要采用一些艺术的表现形式和表现手法

2. 广告的原则

广告是一种特殊的活动，牵涉到广告主、广告经营者、广告媒体、广告对象等各个方面的利益。同时，广告是一种综合性的活动，是集经济活动、信息传播活动、社会活动、文化活动等于一体的系统工程。为充分发挥广告的功能，抑制广告的负面效应，广告活动的各类参与者在从事广告活动时都必须遵循广告的基本原则。

（1）真实性原则。真实性原则是指广告内容要真实、准确，不得虚假、欺诈。真实性是广告的生命所在，也是广告的基本原则，这是由广告活动的性质所决定的。广告的真实性具体表现为：

① 广告信息要以商品（或劳务）的客观事实为依据。所宣传的产品（或劳务）必须代表其整体水平，而不能以特别挑选出来的或特别制造的产品为标准；有关产品的性能、质量等消费者特别关注的内容，必须客观、真实，严禁吹嘘、无限度夸张；广告的文字、画面、实物、实证、论证等均应真实、明确，避免误导。

② 诚实守信。广告中涉及与产品（或劳务）有关的售后服务、保证等承诺均应能落实、兑现；对使用与消费中可能出现的问题、副作用等应明确告知，并同时向消费者指出相应的使用、保养方法或有关注意事项。

（2）思想性原则。思想性原则是指广告宣传内容和表现形式要健康向上，避免消极、颓废倾向，严禁反动、淫秽、色情的内容。广告的诱导作用既可以使人们产生对美好生活向往的积极心态，也可能使人们产生一些消极心态。例如，对于少年儿童和一些文化程度不高、缺乏理解和分辨能力的人来说，如果广告的思想性不强，传播的内容不健康，就极有可能产生不利的影响。

（3）科学性原则。科学性原则是指在广告活动中必须遵循广告活动的规律，以科学的理论作指导，实现企业广告传播信息的方式和手段的科学化。

（4）艺术性原则。广告的艺术性原则是指广告作品应具有艺术魅力与审美作用，能够吸引、感染与影响公众，激发公众的购买欲望。广告艺术性的目的是有效地传达信息，而不单纯是为了艺术欣赏。艺术性是广告感人的有力手段。缺乏艺术性的广告，影响力小，促销能力差。而广告的内容及情趣与艺术形式的结合，有利于生动活泼地表现它的主题与创意。

同步案例1-1

天猫国际，重现古人海淘发现之旅

2020年“双11”，天猫国际携手玄奘、张骞、郑和三位“顶流博主”集合成了“海淘天团”，用Vlog广告的新形式还原了古时的海淘场景。

1. 形式创新，引发用户好奇

Vlog是当下热门的视频内容记录形式，但是古人拍的Vlog有谁看过呢？天猫国际抓住古人与新潮Vlog的反差效果，创新“古人的Vlog”这一广告形式，在创意上第一时间引起大家的好奇心。同时，Vlog的记录能塑造出一个个鲜活有趣的人物形象，一下子拉近他们与观众的距离。

2. 内容创新，年轻语境促进二次传播

视频中复古模糊的画质，人物操着的地道方言口音以及西域的场景还原等细节，都给观众带来更真实与更沉浸的观感。此外，视频还体现了张骞出使西域、玄奘西行取经、郑和下西洋的三段人物经历，创意贴切又十分新颖。结合历史背景的剧情与年轻现代的用语，使广告颇具趣味性。

3. 主题创新，猫机长跨时空集结“海淘天团”

定位于“有趣的海淘专家”的天猫国际猫机长，每次都在短片结尾中作为神秘人出现，提升消费者对于其好感度。历朝历代的古代先贤都通过各自的方式，秉承着“开拓发现”的精神，带回了很多“海淘”舶来品，或改变、或提升了国人的生活习惯。因此，天猫国际此次以“海淘两千年”为创意出发点，将猫机长打造为承前启后的“海淘后浪”，以跨时空集结海淘天团的创新主题，延续海淘精神，继续为国人带来全球好物。

对于大众而言，要想更好地传承海淘精神，更需要了解历史。天猫国际还发起“海淘两千年：被三个中国人改变的世界历史”专题，赋予活动更强的历史人文感与民族感，拔高了活动调性与立意。

资料来源：李海琼，张建辉．国际市场营销实务［M］．3版．北京：高等教育出版社，2021.

问题：查找并观看此广告，它传递了什么广告信息？有什么启发？

分析提示：该广告“海淘两千年”的创意既巧妙又贴切，认知广告时，应从信息传递入手，考察广告核心内容的体现效果；在启发方面，则要结合自己对广告理论的学习和理解进行，特别是注意要“讲好中国故事”。

1.2 广告的基本原理

1.2.1 广告基础理论

广告学是一门涉及许多学科知识的综合性边缘学科。广告知识涉及经济学、社会学、传播学、美学、心理学等诸多领域。学习和研究广告原理与实务，就应该以这些学科知识作为理论基础和研究起点。

1. 广告的社会学原理

社会学是研究人们的社会行为和社会关系，探讨社会结构和社会过程的科学。它从社会整体出发，通过社会关系和社会行为的研究，揭示社会结构、功能、发展变化的规律。

广告活动是一种复杂的社会活动。它要实现与社会的信息沟通，向大众传播经济、文化、政治、社会服务等方面的信息。因此，广告要遵循社会学原理，应以与社会行为、社会关系相适应为基础。主要表现在以下几个方面：

（1）广告诉求的针对性。广告的诉求对象是人，而人总是处在一定的社会背景和经济条件下，遵从社会所规定的角色要求，采取相应的社会行为。例如，顺丰同城速递直观明确地在广告中说：“疫情总会过去，情意还要传递”（见图1-6），直击热点，及时、迅速地拉动了热点，建立起了品牌形象。

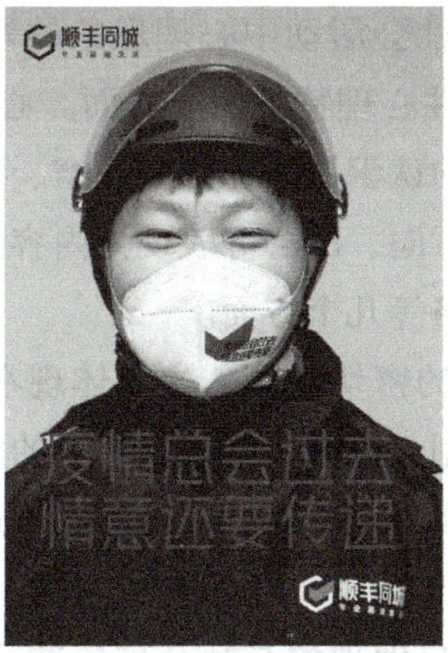

图1-6 顺风同城速递广告

（2）广告内容的真实性与思想性。真实性是广告的基本特征。广告必须以事实为依据，传播的信息应准确无误，对那些可能给人的健康带来危害的产品应禁止进行广告宣传。同时，广告一定要严守信誉，其有关的承诺，企业应落实、兑现，以真正取得消费者的信任。近年来，以明星代言广告而引起的法律问题开始受到广泛关注。如消费者将盖中盖及其代言人告上法庭、将 SK-Ⅱ及其代言人告上法庭等，理由均是明星对产品进行了虚假宣传，不仅影响明星的形象，也直接断送了产品的生命。

广告不仅是一种经济现象，而且是一种意识形态的表露。我国的广告必须注意坚持社会主义方向，执行党和国家的方针政策，宣传与倡导积极健康的社会生活方式，帮助公众树立正确的审美观、道德观，使广告成为社会主义精神文明的传播手段（见图 1-7）。例如，我国《广告法》规定：禁止广告妨碍社会公共秩序或者违背社会良好风尚；禁止广告含有淫秽、色情、赌博、迷信、恐怖、暴力的内容；禁止广告含有民族、种族、宗教、性别歧视的内容等。

图 1-7　公益广告：地球只有一个

（3）广告的群众性。广告就是要广而告之，其接收对象越多越好。为此，要求企业的广告必须顺应其社会环境要求，体现其群众性。

2. 广告的心理学原理

心理学是研究人们在社会活动中心理现象的发生、发展规律的科学。心理现象包括心理过程和个性心理特征两个方面。心理过程包括以感觉、知觉、记忆、想象、思维为内容的认识过程；以爱、憎、喜、怒、哀、乐为内容的情感过程；以需要、动机、意向、决心等表现为内容的意志过程。个性心理特征有兴趣、能力、气质、性格等几个方面。

冠益乳乳品广告

广告学与心理学之间的密切联系，主要体现在广告与消费者的心理过程联系广泛。一则广告从策划、设计、制作到广告的发布时间、区域的选择及广告媒体的运用，都必须认真考虑其广告受众的心理过程，做到有的放矢。

3. 广告的美学原理

美学是研究人对包括自然现象与社会现象的现实的审美关系及其集中表

现的艺术的一般规律的科学。艺术是文学、绘画、雕塑、建筑、音乐、舞蹈、戏剧、电影、曲艺等的总称。它是以形象来反映现实生活，反映社会生活的各个领域，是一种富有创造性的方式。广告本身也是一种艺术，整个广告的设计要给人以醒目、明快和美观的感觉，给人以高尚的美的享受，因此，广告运用美学原理，才能取得理想的广告效果。各类广告的构思策划与创作过程都与美学有着密切的联系。

广告艺术有语言文字和非语言文字两种表现手段。其中非语言文字又包括图像、色彩、美术设计和表演形象（视觉形象），以及声音、音乐（听觉形象）等，这些形象化的表现手段在广告的制作和传播中起着非常重要的作用。广告艺术作为审美的对象，广告的语言文字应具有完美而独特的文字、语法修养，既不冗长、烦琐，又要新鲜、活泼；广告图画、形象与音乐的使用要与传递的信息和谐一致，突出主题。

4. 广告的传播学原理

传播是指人类为了建立共同的认识而进行的信息交流活动。从广义来看，传播学就是研究人类一切传播行为的科学。从狭义来看，传播学指的是大众传播学，即传播者利用各种传媒，将大量信息传送给大众的过程。具有通告、教育功能的广告，也属于传播学研究的内容之一。

人类已进入一个信息时代或信息社会。传播学研究信息社会中所有的传播过程和效果，而广告则是直接创造和提供信息的部门，在某种意义上它是出售信息。并且，广告作为直接提供信息服务的部门，在现代创造和分配信息的社会里越来越显示出它的重要地位。广告为人们提供了各种各样的服务，成为社会生活的无形纽带，也是社会的一种无形财富。

1.2.2　广告定位理论

广告定位是广告学中一个非常重要的概念。有关资料显示，“定位”（Positioning）这一术语，最早出现于20世纪60年代末期的美国产业行销杂志上。1971年，美国著名广告专家大卫·奥格威（David Ogilvy）第一次提出了广告定位理论。广告定位理论，是关于如何准确把握和确定广告主题，以科学有效地提高广告效果的有关学说或法则。广告定位理论的发展大体上经历了前后延续的三个阶段，即20世纪50年代基于产品定位而形成的USP理论、60年代中后期基于形象至上和品牌定位的CI理论，以及70年代以后基于生活导向和市场定位而盛行开来的现代广告定位理论。

1. USP理论

20世纪50年代是西方的“产品至上”时代，其广告业处于商品广告时代。这一时期，市场竞争主要表现在商品质量的竞争上，只要是货真价实的商品，在相应的营销手段配合下，就能够被推销出去。在这种情况下，美国占主导地位的广告理论是产品至上的独创性销售理论，即 USP 理论。

（1）什么是 USP？ USP 是英文 Unique Selling Proposition（即独特的销售主张）的缩写。它是由罗瑟·瑞夫斯（Rosser Reeves）在 1961 年提出的。USP 的基本含义是：任何广告只能使消费者倾向于记住一个强有力的主张或概念。它表明广告就是发挥一种建议或劝解（Proposition）功能，即找出品牌特性（Unique）——其他品牌所没有的独具特性，告诉消费者“买这样的商品，你将得到特殊的利益”。这种适合消费者需求的利益点，也正是厂商推销商品的“卖点”（Selling）。广告就是这样一种独创性销售主张，如图 1–8 所示。

图 1–8　独创性销售主张

（2）USP 的基本构想。USP 的基本构想包括三个方面：找出其他品牌所没有的独有特性（U）；适合消费者需要的销售（S）；发挥提议主张的功能（P）。具体如下：

① 独特性。强调产品具体的特殊功效和利益，即广告信息必须有一个根植于品牌深处的、未曾被提出的独特承诺，是其他品牌未能提供给消费者的最终利益。它必须能够在消费者心目中占据特定的位置，从而使消费者坚信该品牌所提供的利益是独有的、独特的和最佳的。

② 销售观。广告产品必须对满足消费者的需求有实际和重要的意义。广告能以其特殊的说服力和感染力与消费者沟通，能实际地导致其购买行动，如培植新的消费群体，或从竞争者的顾客群中把消费者拉过来。

③ 劝说力。广告应有一个清楚的令人信服的独特利益承诺。它不是一个展示橱窗式的说教，而是能激发购买行为的切实承诺。

USP 理论的盛行，使许多广告公司和广告人获利丰厚。广告界也基于此理论创作出了许多著名广告，例如美国海军的征兵广告：美国海军“不只是工作，更是冒险”。这句文案不只结合了工作的吸引力，更使人产生对冒险的向往。又如，当年美国喉嚼糖的广告，以“喉嚼薄荷糖，具蒸汽作用”的广告词，说出了产品能使受凉的鼻子和喉咙清爽异常的特性。广告推出后，喉嚼糖的市场销售量提高了 47%，大大领先于其他厂家。再如，雀巢咖啡根据咖啡消费者最重视滋味的特点，将其产品的 USP 选定为“味道好极了”，如图 1–9 所示。

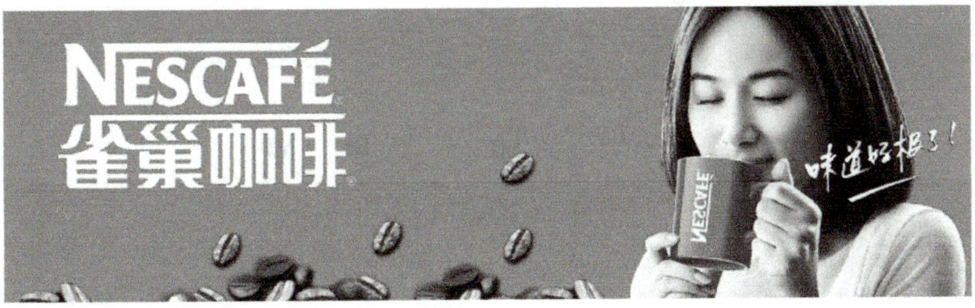

图1-9　雀巢咖啡广告

2. CI理论

20世纪60年代中后期，随着科学技术的进步，新产品越来越多，市场竞争日趋激烈，大量模仿产品的出现，使寻求“独特的销售说辞”变得越来越困难。任何一种产品畅销，都会导致其他企业蜂拥而至，产品之间的差异变得越来越难以区分。因此，一些成功的企业开始通过广告宣传和其他促销手段来提高企业知名度，创立名牌商品，以推动商品的销售。这时，市场从“产品至上”时代走出，进入“形象至上”时代，产生了新的广告理论即CI理论。

（1）什么是CI？ CI是Corporate Identity的缩写，其英文字面含义是形象识别。从其包含的内在实质来看，CI是指通过确定企业宗旨、规范企业行为、设计企业统一视觉识别系统而形成的对企业形象的总体设计。

CI理论的得出和应用可以追溯到第一次世界大战前，当时德国的AEG公司把设计师彼得·贝汉斯设计的商标应用在系列化的产品上，这一设计和实施厂牌识别标志的举动，开了统一视觉形象的先河。第二次世界大战后，随着国际经济的复苏，特别是发达国家进入发展黄金期，工商业获得长足发展，各行各业的营运范围日益扩大，企业经营面向多角化、国际化。此时，CI理论开始形成，一些企业通过精心设计的企业视觉形象识别，建立起既显示企业主体意识，又具有独特理念、独特行为和独特形象的具有差异性风貌的企业形象。例如，美国的国际商业机器公司（IBM）于1950年率先全面导入CI计划，将产品识别标志和企业识别标志两者统一起来，使精心构思设计的蓝色标志IBM出现在多种信息传播媒体上，为塑造“蓝色巨人”奠定了基础。

（2）CI的构成要素。最初的CI主要强调视觉识别系统，即运用视觉传达设计方法，向社会传递企业形象和品牌信息。后来，日本学者将CI理论进一步扩展和完善，使之成为一个系统，所以又称CIS（Corporate Identity System）。

CIS设计就是将企业经营理念与精神文化、组织行为方式和外在形象，通过一整套传播系统传递给消费者，从而获得一种亲和力和认同感。它是由三个子系统所组成的，如图1-10所示。

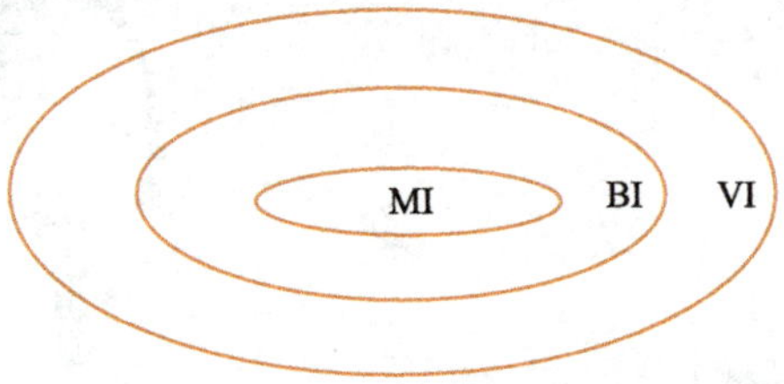

图1-10　CIS的子系统

① 企业理念识别（Mind Identity，MI），是指企业宗旨、企业精神、企业哲学，它是CIS的核心。作为企业经营理念，应该具有鲜明的特色，体现企业的内在本质，并且能够用比较确切的文字和语言描述出来。例如，松下公司的“产业报国”、中国中铁公司的“勇于跨越，追求卓越”、世界第一大零售商美国沃尔玛公司的“为顾客节省成本”等。

② 企业行为识别（Behavior Identity，BI），是指在企业理念指导下所形成的一系列行为规范，一般通过内部教育、职工福利、工作环境条款和一些特殊活动（如公益、公关、促销、文体活动等）把企业和品牌的形象动态地加以表现。

CI要求对企业行为必须进行规范管理，这样既有利于企业形象的树立和识别，也有利于体现企业的内在本质。例如，著名的麦当劳在全世界有无数分店，但都有共同的行为规范，通过这些共同的行为规范，顾客无论进入哪一家麦当劳餐馆，都可以享受同样的产品和服务。

③ 企业视觉识别（Visual Identity，VI），是企业形象视觉化的传达方式，其识别表达形式最多，层次最广，效果也最直接。向大众传递信息，最有效的是通过视觉刺激。因此，通过VI，统一设计通过各种载体向公众传达借以识别企业的视觉形象，就成为CI的重要组成部分。例如，麦当劳在全世界的每个分店都有共同的店容店貌，使人们无论何时何地，只要一看到M形的金黄色圆拱标志，就能够识别其是麦当劳的一家分店。

CIS就是上述三个要素组成的一个有机整体，即企业形象总体设计。在CIS中，MI是核心，是整个CIS的灵魂；BI是由MI所决定的企业法人和企业自然人的行为规范，因而是CIS的基础；VI是由MI和BI所决定的在企业一切内外传播工具上所使用的统一的视觉形象，是CIS的关键。

3. 现代广告定位理论

进入20世纪70年代，随着高新技术的不断开发和利用，产品更新换代速度加快，市场竞争更为激烈。广告设计只强调商品的性能特点、顾客可得到的利益或企业及品牌印象，已不足以对抗并赢得竞争，也不足以吸引消费者。与此同时，铺天盖地的广告信息越来越成为一种“公害”，其中一部分还引起了消费者的厌恶和摒弃。如何使广告真正打动消费者，从心理上征服他们，便成为广告业和广告主着重思考的一个课题。在这种背景下，定位理论被提了出来。

广告定位理论

广告定位，就是通过广告突出强化企业、产品和劳务中符合市场消费者需要的某些特征，从而确立企业在广告竞争中的有利位置，树立良好的企业形象和品牌形象。广告定位的方法有很多，大体上可分为实体定位法和观念定位法两大类。

（1）实体定位法。实体定位就是指在广告宣传中，以产品的质量、性能、用途、造型、价格、包装、服务、运送、维修等某一方面的独特性来定位。强调广告产品与同类产品的不同之处和带给消费者的更大利益，突出产品的新价值。具体地，实体定位的方法有以下几种类型：

① 功效定位。是在广告中突出宣传商品的特殊功效，使该商品与同类商品形成明显区别，以增强其竞争能力。例如，美国宝洁公司为其生产的海飞丝、飘柔和潘婷三种洗发水做广告时，其广告定位就是依据各品牌的不同功效：海飞丝定位于“持久去屑，柔美润泽”；飘柔定位于“洗发护发，双效合一”；潘婷定位于“从发根到发梢营养头发”。不同的功效定位，满足了不同需求的消费者，因而赢得了广阔的市场空间（见图 1-11）。

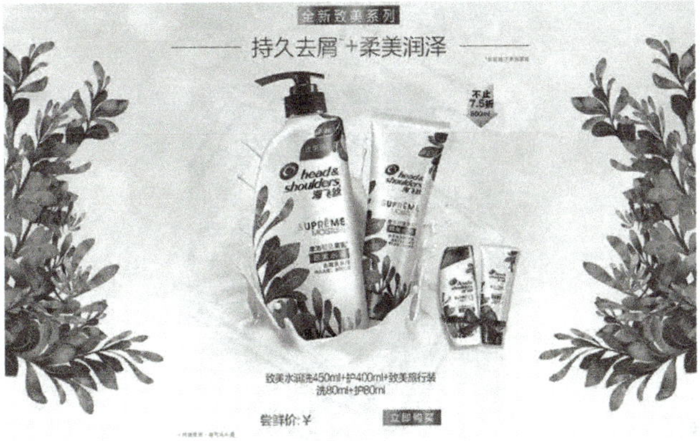

图 1-11　海飞丝洗发水广告的功效定位

② 品质定位。是指通过广告强调商品所具有的与众不同的优良品质。它通过突出品质，培养消费者的信赖感，激发其购买欲望。例如，康师傅方便面的广告定位于“香喷喷，好吃看得见”；海蓝之谜精华露的广告定位于“不老之谜，你我之秘”（见图 1-12）。这两则广告采用品质定位的方法，给消费者留下了深刻的印象，获得了很好的宣传效果。

图1-12 海蓝之谜精华露广告

③ 价格定位。当广告宣传的产品在品质、性能、造型等方面与同类产品相差不大时，可采用价格定位来争取消费者，增强竞争力。价格定位可分为高价定位和低价定位两种。例如，快乐牌（JOY）香水广告“世界上最贵的香水只有快乐牌”（见图1-13），定位于高级品；广东海马牌床单广告“海马牌床单，打破平价无好货的定律”，定位在普通品。通常，高价定位多用于汽车、家电、化妆品等高档商品；低价定位则适用于竞争激烈的商品。

图1-13 快乐牌（JOY）香水广告

观念定位法

（2）观念定位法。商品提供给消费者的价值，既有硬性商品价值，又有软性商品价值。硬性商品价值是指商品提供给消费者的实际功能；软性商品价值则是指商品能满足消费者感情需求的附加功能。这种附加功能是由商品本身延伸出的一种观念，是人们购买商品时的一种感受、一种希望、一种梦想。正如一位广告人所说：“对于妇女，卖给她们的不是鞋，而是漂亮的脚。”

观念定位，就是突出商品的新意义，改变消费者的习惯心理，树立新的商品观念的广告定位方法。具体地，观念定位的方法有以下几种：

① 逆向定位。逆向定位是相对于正向定位而言的。正向定位，就是以突出广告商品的优异之处进行定位。逆向定位则是借助于有名气的竞争对手的声誉来引起消费者对自己的关注、同情和支持，以便在竞争中求得一定的市场份额的广告定位方法。如美国艾维斯出租汽车公司的广告：“与哈茨公司相比，我们处于第二位，因此，必须以提供更好的服务迎头赶上”。该广告因为恰当的逆向定位而获得了成功。

值得指出的是，逆向定位难度较大，虽然勇气可嘉、诚实可信，却容易使消费者响应广告中的劝说而购买对手的商品。因此，这种方法多用于针对一些文化程度较高的广告对象。

② 区别定位。当一个强大的品牌已成为某类产品名称的代表或替代物时，必须给公司真正成功的新产品以一个新名称，使定位对象与竞争对象相区别，并确立与竞争对象的定位相反的（否定的）或可比的定位概念。区别定位实际上是在广告中注入一种新的消费观念。例如，花露水是一种驱蚊醒神的日用品，六神花露水敏锐地抓住“夏天”这样一个重要的使用情境，在广告中主打“经典六神原香，记忆中夏天的味道”，有效唤起了消费者的童年回忆，获得了很好的广告效果，如图 1-14 所示。

图 1-14　六神花露水广告

③ 流行观念定位。是以社会流行观念创造出商品的附加功能，以迎合广告对象消费心态的广告定位方法。流行性是现代社会的一大时尚，迎合流行趋势的广告定位，往往能赢得良好的效果。例如，箭牌口香糖针对口味各异的四种子品牌（绿箭、白箭、黄箭、红箭，见图 1-15），除了在包装上加以区分外，又利用社会上流行的色彩观念，赋予各种口味颇有创意的附加功能。其广

告定位如表 1–4 所示。

图 1–15　不同的箭牌口香糖

表 1–4　箭牌口香糖的色彩观念

产品	含义	色彩观念
绿箭	清新的箭	以清新香醇的口味，令人从里到外清新舒畅
红箭	热情的箭	以独特的口味使你散发持久的热情
黄箭	友谊的箭	缩短距离，打开友谊的门扉
白箭	健康的箭	每天嚼白箭口香糖，“运动你的脸”

正是这些既新颖独特，又符合社会流行观念的广告定位，使箭牌口香糖在市场上畅销不衰。

④ 重新定位。是打破产品在消费者心智中所保持的原有位置与结构，使之按照新的观念在消费者心智中进行排位，以创造一个有利于自己的秩序的广告定位方法。例如，一种香橙汁饮料，通过广告“它不再只限于早餐饮用”进行重新定位等。

文化素养 1–1

从定位到错位

定位理论作为一种营造消费者头脑中品牌印记的广告理论，是市场营销的起点，但并不一定指向市场营销的终点——消费者满意。真正能创造消费者满意的市场营销理论是错位理论。这绝不是定位策略的一种简单变形，这一个字的更换意味着一种全新的营销体系的更换。

错位作为市场营销的终点意义上的概念，它并不仅仅是有些营销人所说的横向营销——生产与经营差异化的产品和服务。差异化营销尽管是市场营销中的一个有效策略，但是它仍是市场营销的起点，只不过更换了与竞争对手不同的定位而已。另外，差异化也绝不是什么新方法，春秋战国时期“田忌赛马”的故事，就是以差异化取胜的早期案例。

尽管营销界都在努力高举消费者满意的旗号，但很多人并不知道什么是消费者满意，总以为自己的产品或服务达标、过硬，消费者就会满意。其实不然，因为消费者满意的本质并不是什么硬性的标准，而是一个动态的概念。消费者满意是指消费者对某种产品的心理预设与这种产品的实际情况之间的错位程度。从消费者心理的角度来讲，在购买行为产生之前，消费者一般都会根据自己已经具备的经验和知识对准备购买的商品在心理上有一个基本的预设，如质量、样式、功能、价格、服务等方面。如果产品或者服务的实际情况比消费者原来设想的要好，消费者就觉得有一种物超所值的意外惊喜，就会愿意购买。而物超所值的差额部分，才体现出真正的顾客价值。因此，所谓错位策略，也就是要尽可能使产品现实超越顾客的心理预期，从而使消费者感到意外的惊喜。产品现实超越顾客预期越多，消费者就越会以为划算，购买行为对他来讲也就越愉快，他也就越满意。

1.3 广告的产生与发展

1.3.1 广告的产生

在人类社会发展历史上，随着奴隶社会出现的第三次社会大分工——商人的产生，商品生产和商品交换获得了较快的发展，各种原始形态的广告也随之出现。如在兜售商品时，通过卖什么吆喝什么来吸引买主的，称为叫卖广告；主要用以表示店铺的名称和记号的招牌与幌子等，尽显民间特色。这些不同形式的原始广告与商人进行商品销售活动的形式密切相关，如口头叫卖广告与商人摆摊销售相联系，陈列广告、招牌与幌子等则与坐商经营有关。而真正意义上的广告，则始于文字广告，特别是印刷术发明后的文字印刷广告。

考古学家认为，世界上最早的广告是公元前 1 000 年左右埃及散发的“寻找谢姆”的广告传单。该传单是用芦苇的纤维造的，淡茶色，现存于大英博物馆。

在古希腊、罗马时期，也有许多文字广告。庞贝古城除有很多标记广告外，也有很多文字广告。在一些官方规定的广告栏，其文字广告的内容涉及商品推销、文艺演出和寻人启事等。如在土耳其的考古挖掘中，有 300 多块刻有希腊字母的碎石片引起了考古学家的注意。经过长时间的努力，考古学家终于将这些石片收集、拼凑起来。原来这是最早的一个商业广告，上面有商品的名称及价格。这块石板置于一家古代店铺的橱窗里，店内所售水果、酒、饰物、头巾、陶器等，板上一目了然。

1.3.2　我国古代广告

我国的广告始于殷商时代。据说那时有个叫格伯的人，把马卖给一个叫棚先的人，因为当时凡做交易都要“告于士”，这笔交易便以铭文形式记录在专为铭刻而铸造的青铜器上。这便是我国最早的商业广告。

我国古代最原始、最简单的广告形式是叫卖广告，即以叫卖宣传方式兜售商品，如各种商贩大多通过吆喝叫卖招徕顾客。古代最常用的广告形式是招牌和幌子，它们是各行业、店铺的标志。到了隋唐时期，我国有了印刷广告。现存最早的印刷广告是收藏在上海博物馆的北宋济南刘家针铺广告（见图 1-16）。到了清代，木版年画甚为流行，于是许多商人利用木版年画作为商品的包装，内容多取材于民间故事、戏剧人物等吉祥字画，从而使包装广告得到了发展。

中国古代的雅广告

图 1-16　北宋济南刘家针铺印刷广告

1.3.3　我国近代广告

我国近代广告是随着近代报纸的创办而诞生的。早期的报纸是不刊登广告的。鸦片战争以后，我国开始沦为半封建半殖民地社会。随着洋货在我国的大量倾销和外国资本家在华投资办厂，外国商人为了推销商品，沟通中外商情，开始在中国创办报纸，作为商品促销手段的近代报纸广告随之出现。其中，《申报》《新闻报》都是著名的商业报纸，广告登载量较大。据上海《新闻报》1923 年的记载，广告费收入每年几乎有上百万元。同时广告注重文字、编排、绘画等形式，图文并茂，增强了广告艺术性。除报刊广告，其他形式的近代广告也陆续诞生，如广播广告、霓虹灯广告、路牌广告、橱窗广告等相继出现，各类招牌广告争奇斗艳，引人入胜。

1.3.4 我国现代广告

我国现代广告事业的发展，经历了较大的曲折与反复。新中国成立初期，在上海、天津、广州等大城市，广告有了一定的发展，主要是私营企业的销售广告、药品广告与文艺广告。但是，随着 20 世纪 50 年代政府对私营经济“利用、限制、改造”政策的实施，私营企业的广告开始萎缩。50 年代末，国营广告公司的出现，使广告业有了一定的恢复。60 年代以后，广告业又开始下滑，特别是“文化大革命”期间，广告业遭到了更大的劫难，霓虹灯广告及其他户外广告几乎荡然无存。由于社会对广告的认识出现偏差，认为广告是资本主义的产物，加上商品供给短缺，广告失去了存在的意义。70 年代初，广告活动几乎完全停止了。

中国现代广告

我国现代广告业的恢复与发展的基础是改革开放政策。在 1979 年中共中央宣传部发出《关于报刊、广播、电视台刊播外国商品广告的通知》后，大众媒体开始对广告解封。1979 年 1 月 28 日，上海电视台播出的上海药材公司参桂补酒广告，开中国电视广告的先河。3 月 15 日，中央电视台播出了首例外商产品——西铁城手表的广告。同日，上海人民广播电台播出春蕾药性发乳广告。12 月，中央人民广播电台开始播发广告并于 1980 年 1 月开办广告节目，我国的广播广告得到恢复。1979 年 1 月 28 日，《解放日报》恢复商业广告刊登业务。同年 2 月 10 日，《文汇报》刊载广告。4 月 17 日，《人民日报》开始登载汽车、地质仪器的广告。至此，报纸广告得以重新发展。

此后，随着 20 世纪 80 年代以来我国改革开放的深入，广告业驶入了持续发展的快车道，并有了长足的发展。1993 年 7 月，原国家工商行政管理局和原国家计划委员会共同制定了《关于加快广告业发展的规划纲要》，明确广告业是知识密集、技术密集、人才密集的高新技术产业，提出了我国广告业的发展战略和重点目标，进一步推动了我国广告业的发展进程。1995 年 2 月 1 日，《广告法》正式实施，并于 2015 年 4 月 24 日第十二届全国人民代表大会常务委员会第十四次会议通过修订。中国广告年经营额从 1979 年的 1 000 万元增长到 2019 年的 8 674 亿元，增长了约 8.67 万倍；广告经营单位从 1979 年的 13 户发展到 2019 年的 134.84 万户，增长了约 10.37 万倍。

进入 21 世纪，随着社会主义市场经济体制的逐步建立与完善，广告传播媒介迅速发展，现已形成种类齐全、辐射面宽、覆盖率高的传播媒介体系。由于不断采用新的技术手段，广告的表现形式、设计手法、制作技巧、服务水准都有了长足的进步。目前，我国不仅有电视、广播、报纸、杂志、互联网等广告形式，而且新闻广告、店铺广告、交通广告得以重新活跃，文艺广告、邮寄

案例
雕牌洗衣粉电视广告

广告、馈赠广告、网络广告和商业博览会、展览会也开始较大规模地登上了广告舞台，成为新的广告发展领域。此外，路牌广告、霓虹灯广告等户外广告及售点广告也在大中城市普及。广告行业管理日益规范，基本形成了以《广告法》为核心的一套比较系统、完备的广告监督管理体系。广告自律也在逐步向纵深发展。参与广告经营活动的广告公司、大众传播媒体以及广告主加强行业自律，竞争环境进一步优化。

拓展阅读1-1

新经济时代广告业发展趋势

（1）广告活动全球化。现代工业的发展使社会化大生产达到空前规模，跨国公司和国际贸易使全球经济活动联系更加紧密，市场国际化与经济全球化趋势日益显著。广告正是伴随着这种趋势走向国际化，国际广告业务越来越多，国际性或泛地区性媒介日益引起以世界市场为目标的跨国公司的兴趣，国际广告投入日益增加。国际性广告组织也不断涌现，各种国际性广告行业组织在协调各国广告业发展方面发挥了重要作用。

（2）广告服务全方位化。由于信息技术和计算机在市场调研、贸易媒介和企业管理等方面的广泛应用，大大提高了广告工作效率，有力地促进了广告业的发展。现代广告公司发展成为一种集多种职能于一身的综合性信息服务机构，向企业提供从市场调研、新产品开发、广告策划到售后信息分析的整体策划服务，使广告服务成为企业发展不可或缺的经济部分。

（3）广告行业产业化。广告公司不再局限于一些厂家或公司的附属机构，而是以专业化形式成为独立的经济实体，按照现代企业制度要求运作，涌现了一大批著名的广告公司和广告集团，其发展速度远远高于整体经济增长水平。早在20世纪80年代末，广告业已成为一种可创造巨大价值的产业，在各国的经济发展中发挥着重要的作用。进入21世纪，作为现代服务业的广告业发展迅速，广告的产业化更加明显。

（4）广告传媒的电子化和多样化。21世纪电子媒介飞速发展，卫星转播的运用、有线电视的普及使广告增添了新的最有效的媒介。尤其是以计算机为载体的信息高速公路的飞速发展和国际互联网络的建立，为广告信息的传递乃至整个营销活动开创了新的空间。除了电子传媒外，广告其他形式也在不断创新，礼品广告、邮寄广告、包装广告、空中广告、大型实物模型等花样翻新，甚至连味道、色彩等也成为广告传递信息的媒介。

（5）广告管理日趋严格。随着广告活动在社会生活各领域的日益渗透，广告对社会经济活动的影响日益广泛和深刻。为了防止滥用广告，西方各国对广告业的管理越来越严格。各国政府纷纷通过立法或行业协会的自律行为，加强对广告业的管理，以实现规范、健康发展的目的。

资料来源：郑承志．广告原理与实务［M］．北京：中国财政经济出版社，2016.

小试牛刀 1-1：企业广告的诊断

［实训目标］

帮助学生提高对企业广告的认识；

帮助学生提高对某个具体企业广告业务优缺点的分析能力。

［实训内容］

以小组为单位，通过查找网络和文献资料，了解工商企业或其他单位的广告业务情况，对其进行分析和诊断。

以小组为单位，通过查找网络资源和文献资料，了解几家企业的广告业务情况（以大中型企业为主，兼顾食品饮料企业、汽车制造企业、医药保健品企业等门类），对其进行分析，并找出优点，诊断缺点。

［实训操作］

（1）让学生明确我国广告发展的趋势。

（2）为学生讲解我国当前广告市场的总体状况。

（3）将全班学生每5~6人分为一组，并选出小组负责人。教师说明训练内容及成果要求。

（4）每个小组查找2~3家企业的广告业务情况，并对其进行分析。

（5）从广告业务专业化、广告计划、广告真实性与科学性、广告媒体选择等方面进行诊断。

（6）分小组写出报告，由小组负责人进行口头或书面汇报。

［成果要求］

（1）每个小组撰写《××公司等企业广告业务诊断报告》。

（2）依小组的活动情况、诊断报告给小组评估打分。

同步训练

一、单项选择题

1. 下列内容中，属于商业广告的是（　　）。

A. 公文　　B. 布告

C. 广告牌　　D. 通告

2. 下列产品中，最适合采用理性诉求广告的是（　　）。

A. 服装　　　　B. 鞋、帽
C. 应用软件　　　　D. 汽车

3. 我国现代广告业的恢复与发展始于（　　）。
A. 1840 年　　　　B. 1949 年
C. 1979 年　　　　D. 1985 年

4. 在 CIS 中，作为核心的是（　　）。
A. CI　　　　B. BI
C. MI　　　　D. VI

5. 海尔空调的广告称“海尔，世界的海尔”，这属于广告定位的（　　）。
A. 功效定位　　　　B. 品质定位
C. 价格定位　　　　D. 区别定位

二、多项选择题

1. 广告介绍、宣传的内容包括（　　）。
A. 观念　　　　B. 商品
C. 地点　　　　D. 劳务
E. 时间

2. 广告的功能包括（　　）。
A. 信息传播功能　　　　B. 经济功能
C. 了解需求功能　　　　D. 社会功能
E. 美学功能

3. 广告的基本原则有（　　）。
A. 真实性原则　　　　B. 思想性原则
C. 科学性原则　　　　D. 艺术性原则
E. 专业性原则

4. USP 的基本构想包括（　　）。
A. 独特性　　　　B. 销售观
C. 生产观　　　　D. 劝说力
E. 媒体观

5. 广告的观念定位法包括（　　）。
A. 功效定位　　　　B. 品质定位
C. 逆向定位　　　　D. 区别定位
E. 流行观念定位

6. 说服广告效果论简称为“AIDMA”，其内容包括（　　）。
A. 诉诸感觉，引起注意　　　　B. 赋予特色，激发兴趣

C. 确立兴趣，激发欲望　　D. 创造印象，加强记忆

E. 坚定信心，导致行动

三、简答题

1. 产品（服务）广告有哪几种？

2. 如何理解广告的真实性原则？

3. 简述整合营销传播（IMC）理论。

4. 国外广告业的发展趋势怎样？

技能训练

实训项目　广告认知

一、实训目标

通过广告认知实训，学生应该能够做到由原先的感性认识上升到理性认识，能够分析广告的功能与特征。

二、背景资料

随着现代经济和科技的发展，在产品的同质化程度越来越高的情况下，如何在激烈的市场竞争中处于有利地位呢？当然是借助于广告宣传。下面我们一起欣赏哈根达斯的平面系列广告（见图 1-17）。

图 1-17　哈根达斯的平面系列广告

一直以来，哈根达斯走的都是高价路线，但随着消费者的消费认知逐渐发生变化，品牌和价值上的平衡越发难以掌控，专注于门店的哈根达斯便显得不那么接地气。为此哈根达斯开始不断自我调整，更加彰显个性与社交趣味。例如，为了让有胡子的顾客更方便地吃冰激凌，哈根达斯设计了一款独具特色的纸质“围兜”单品，简称“围胡”。它的亮点就在于，这款围兜不仅与海报融为一体，挂在墙上供大家随撕随用，而且连图案也很有文化内涵，每种风格都有源可溯。

三、实训要求

1. 分组进行，各个小组确定成员负责人；

2. 收集更多的哈根达斯在不同媒体发布的广告；

3. 针对背景资料中的哈根达斯平面广告和小组收集的其他作品，认识广告的功能和特征。

四、实训步骤

1. 收集背景材料中产品哈根达斯的其他媒体的广告作品

（1）哈根达斯的电视广告：(　　　　)

（2）哈根达斯的网络广告：(　　　　)

（3）哈根达斯广播广告的文本：(　　　　)

（4）哈根达斯的移动传媒广告：(　　　　)

注：找到的广告作品可以是视频、图片或者文字描述。

2. 结合背景材料和广告理论，小组充分讨论，分析哈根达斯平面广告的功能

（1）信息传播功能。指出哈根达斯的平面广告传递的信息：(　　　　)

（2）经济功能。分析广告活动给哈根达斯带来的经济效益：(　　　　)

（3）社会功能。指出哈根达斯广告的社会功能：(　　　　)

（4）心理功能。指出哈根达斯广告的心理功能：(　　　　)

3. 结合背景材料和广告理论，小组充分讨论，分析广告的特征

（1）广告有明确的广告主。指出背景材料中广告的广告主是什么单位，并分析其职责：(　　　　)

（2）广告是付费传播。实地调查本地的电视媒体和广播媒体的30秒广告的资费信息：(　　　　)

（3）广告具有特定的信息内容。指出材料中广告作品所传递的详细的广告信息：(　　　　)

（4）广告要有特定的广告对象，即广告受众。指出哈根达斯广告的受众是什么样的消费群体，并分析其消费特征：(　　　　)

（5）广告传播需要借助不同的广告媒体。列举所知广告媒体：(　　　　)

4. 团队项目实训小结分享

所有内容提交完毕后会跳出“下一步”按钮，进入“团队项目实训小结分享”页面窗口：

修改并完善以上内容后，点击“打印分享内容”，打印分享文案。

以团队为单位，以组长为主发言人，其他人可补充，每组发言时间为5~8分钟。

团队实训内容

“广告认知”实训小结分享 团队名称： （正文）
其他说明：

教师总结点评，其他团队随机点评。

五、实训成果

1. 能够对广告活动进行分析，由感性认识上升到理性认识；
2. 能够结合不同的广告作品，分析广告的功能；
3. 能够结合不同的广告作品，分析广告的特征。

能力测评

专业能力自评

	能/否	任务名称
通过学习本章，你		熟练掌握分析广告定位、认知广告功能等基本技能
		能结合企业与产品或劳务的实际，运用广告理论分析广告定位
		培养产品或劳务的广告意识

续表

	能/否	任务名称
通过学习本章，你还		

核心能力自评

	核心能力	是否提高
通过学习本章，你的	信息获取能力	
	书面表达能力	
	与人沟通能力	
	解决问题能力	
	团队合作精神	
通过学习本章，你认识到的商业文化与素养有	关注经济社会广告的习惯意识	
	理解广告的功能与原则的能力	
	树立广告诚信意识	
自评人（签名）：	年　月　日	教师（签名）：　　年　月　日

注：“是否提高”一栏可填写“明显提高”“有所提高”“没有提高”。

第2章 广告策划

【学习目标】

通过本章学习，应该达到以下目标：

- 知识目标：

学习和把握广告调查、广告策划、广告主题的基本概念，明确广告目标策划、广告战略策划和广告主题策划的内容与要求；能够分析、认识广告预算的内容与依据，熟悉广告策划书的内容与结构，了解广告调查的组织与实施要求。

- 技能目标：

学习和把握广告调查的基本技能与方法，能结合企业与产品或劳务的实际，开展广告调查；基本掌握广告预算的编制方法，具备编制比较简单的广告策划书的能力。

- 素养目标：

引导学生在广告策划实践中融入中国元素，体现中国文化内涵，培养学生的文化认同感，增强文化自信。

【内容结构】

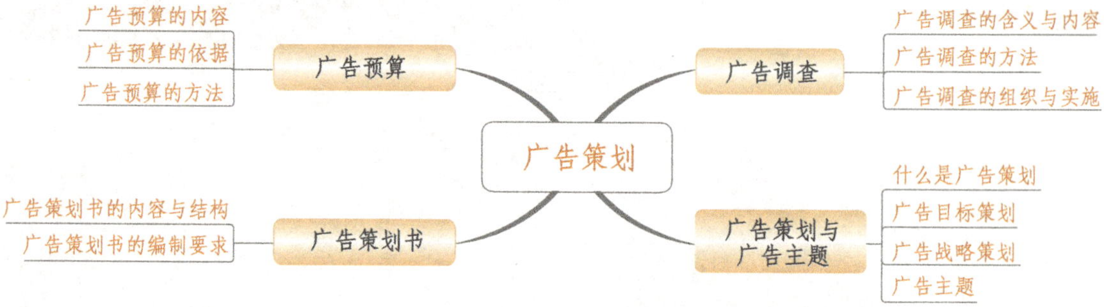

引例 小度智能巨屏电视“大”广告

如何在广告中表现产品“大”的特点？小度智能巨屏电视给出了一份不错的答卷。他们推出了一款超大电视，需要让用户比较具体的感知这款电视大的程度。于是，以“注意！别××我的广告”为主题，结合不同场景，推出了一系列海报广告。

在选取场景方面，小度智能巨屏电视选择了牛（如图2-1所示）、卷帘门、床、停车位、乒乓球桌、广告牌等人们在日常生活中常见、又有认知的事物场景进行对比，突出电视的大。

图2-1 小度智能巨屏电视“大”广告

该广告不仅场景选择正确，文案内容也很有趣。除了主文案以外，在一些海报中还有小字文案，如“图是P的，牛没事”“图是P的，卷帘门还是卷帘门”等，在广告中精心设置“小彩蛋”，增强广告的幽默感，让看到的人会心一笑。

小度智能巨屏电视的这一系列“大”广告，放弃了一般数码产品在推广时常使用的以宣传性能、参数等为主的策划方式，而是以普通人更容易接受和喜闻乐见的方式切入，通过生活化场景感知，让对电视尺寸没有概念的人，也能轻松而又印象深刻地感知这款电视有多大。而且，通过精心设计海报的形式发布广告，在效果近似的情况下相对成本更低，也体现了广告策划者的用心。

思考：

1. 小度选择了日常生活中常见的事物和场景作为广告载体，对其广告宣传推广起到了什么作用？

2. 请结合该案例，分析广告策划的意义。

2.1 广告调查

2.1.1 广告调查的含义与内容

1. 广告调查的含义

广告调查

从广义上讲，广告调查是指广告活动中收集、运用材料的行为；从狭义上讲，广告调查是指采用科学的方法，按照一定的程序和步骤，系统地收集和分析有关消费者、产品与服务、企业形象以及广告效果等方面信息的行为。广告调查是整个广告活动的基础，广告策划要从广告调查入手。市场经济条件下，面对日趋复杂的市场变化、日趋激烈的广告竞争，一项广告活动的开展，必须通过对广告市场、广告对象、广告媒体以及广告主体本身的有效调查，充分了解市场情况、消费者情况、竞争对手情况，才能有效地确立广告目标和方式，制定科学的广告计划，从而确保广告策划的成功。

2. 广告调查的内容

广告调查的内容通常因广告种类的不同而有所区别，但总体来看，主要有环境调查、消费者调查、产品调查、媒体调查和广告效果调查等。

（1）环境调查。广告的环境是指广告活动所处的总体环境，是影响与制约广告活动的各种宏观环境与微观环境因素的综合体（见表 2-1）。无论宏观环境还是微观环境，都会对广告活动施加不同的影响，因此，在进行广告策划之前必须进行环境调查。通过调查，摸清影响广告活动的有关政策法规、经济发展水平、社会文化背景、自然环境条件、科学技术水平、目标公众或团体状况、经销商构成及竞争对手分布等情况，为企业的广告决策提供依据。

表2-1　广告的环境因素

宏观环境	微观环境
政治环境 法律环境 经济环境 文化环境 科技环境	社区 公众与团体 企业的经销商 竞争对手

文化素养2-1

经济发展是影响广告对受众作用的重要因素

面对种类不断增加的产品，人们越来越依赖广告来获得关于产品和消费的信息。

经济的发展带来了生活方式、消费行为和消费观念的变化。不断有新的产品进入人们的生活，也不断有旧的产品被淘汰。这也对现代广告提出了新的要求。

由于经济的发展，以大众媒介为主体的各种传播媒介也获得了迅速的发展，消费者接触媒介的途径和机会不断增加，广告对处于各种媒介的大量信息包围之中的消费者发生预期作用的难度越来越大。

经济的多元化使社会生活多元化的态势愈加鲜明，从而在同一时间、同一地域造就了有不同需求的多种消费群体，使广告受众的构成变得愈加复杂。

资料来源：根据有关资料整理。

消费者调查

（2）消费者调查。消费者调查是对消费者的群体范围、性质、消费需求、消费动机和消费习惯等方面进行的调查。具体内容可视生产消费者与生活消费者而不同。对于生产消费者，应调查其生产规模、生产经营要求、质量与价格水准、购买决策方式等。对于生活消费者，则应调查其性别、年龄、收入、文化程度、职业、兴趣爱好、购买动机、购买习惯等情况。由于市场竞争激烈，不同企业之间的竞争都是围绕消费者需求进行的，因此，消费者调查就显得十分重要。

（3）产品调查。产品调查是指对广告产品及市场同类产品的生产工艺、产品特性、市场销售态势等方面进行的调查。生产工艺调查有利于掌握产品的工艺流程、质量特点及产品生产的发展过程，为把握产品特性，制定产品的广告策略提供依据。产品特性调查主要调查产品外观、产品类别、产品配套、产品服务和产品市场生命周期等内容，为确立广告产品的目标市场、进行广告定位和确定广告宣传的重点提供指导。市场销售态势调查旨在了解与研究产品销售的地区分布、时间分布和消费者阶层分布，分析与总结以往的销售政策，从而为确定广告宣传和产品促销的重点地区提供帮助。

（4）媒体调查。广告媒体调查，是指对广告信息借以传播的物质技术手段的性能所做的调查，包括各种媒体的特征、效能、对象、覆盖面及收费标准等方面的调查，具体如表 2–2 所示。

表2–2　广告媒体调查的内容

媒体类别	媒体形式	调查内容
印刷类媒体	报纸、杂志	种类与特点、发行量与读者层、成本
电子类媒体	广播、电视、互联网	覆盖域、视听率、视听阶层构成
其他媒体	POP媒体、DM媒体、交通广告媒体、户外广告媒体等	功能、特点、影响范围、广告费用

（5）广告效果调查。广告效果也是广告调查的一项重要内容。广告效果调查是指对某一产品或企业的广告活动所产生影响的调查，分为事前调查、事中调查和事后调查。事前调查是指在广告活动开展前对广告对象的小范围调查，以便指导广告设计。事中调查是指从广告作品正式发布到广告活动结束之前的广告效果调查，以了解广告作品和广告媒体组合的科学性。事后调查是指事后对广告效果的全面评估。

2.1.2　广告调查的方法

广告调查的方法是指调查者在实际调查过程中获取所需信息资料的具体方法。从获取信息资料的手段看，广告调查的方法主要有实验法、观察法、询问法、问卷调查法和资料研究法。

1. 实验法

实验法是起源于自然科学的实证方法，主要是指通过小规模实验来了解商品销售情况及其消费者评价意见的调查方法。广告调查中的实验法主要有产品实验和销售对比实验。

（1）产品实验。投放市场销售的产品种类繁多，但各具特点，并经常通过自身的某种形式（如色泽、风味、规格、重量等）在市场上表现出来。产品实验的目的，就是要查证哪种形式对产品在当地市场扩大销售的影响力最大。赠送使用试验、举办产品展览会是常用的产品实验法，其实质都是“赠送试用”。在展览会期间，全部产品在展览大厅内分类陈列，并有计划、有组织地邀请各种类型的消费者参观、评价。在每一位消费者对产品做现场评价后，再由大会免费赠送部分产品，要求其在试用一段时间（一般为一周）后，详细填写一份预先印好的调查问卷，再将全部问卷集中，汇总分析，以便从中引出结论。

（2）销售对比实验。销售对比实验是将少量产品分别投放到某些具有代表性的有广告和无广告的市场上进行试销，从中了解组织大量销售应具备的条件与手段，其实质是通过实验结果的比较，分析了解控制变量对市场的影响。销售对比实验可选择商店试销、城镇试销和地区试销等方式。例如，表 2-3 所列的是安徽华亿集团有限责任公司的商场广告销售对比实验统计表，企业根据实验得出周销售额增加或减少情况，及时调整相关广告活动，使其真正发挥促进销售的作用。

表 2-3 安徽华亿集团有限责任公司的商场广告销售对比实验统计表

广告类型	适用商品	广告前周销售额	广告后周销售额
城市有线电视广告	金银珠宝、家用电器、儿童玩具		
POP（售点）广告	服装鞋帽、化妆品、文化用品		
传单广告	食品饮料、床上用品、钟表、眼镜		

2. 观察法

观察法是指广告调查人员利用仪器或直接对调查对象进行观察来获取资料的一种方法。采用观察法进行广告调查时，由于调查人员不与被调查者直接接触，因而被调查者的真实情况得以展现，不存在主观的故意，使取得的资料具有较高的准确性和可靠性。但是，观察法只能了解到被调查者的表面行为，无法了解到深层次的情况，因而这种调查方法又具有一定的局限性。在实际调查中，可将此方法与其他方法结合使用。

3. 询问法

（1）人员走访。又称走访调查，是指广告调查人员直接询问调查对象，通过与有关人员的有目的的交谈，从中了解和收集所需要的资料。无论什么内容的调查，人员走访通常被认为是获取调查资料的最可靠的方法。在使用这种方法时，调查人员既要适当地提出问题，又要仔细地观察对话人的反应，在综合分析的基础上形成结论。

（2）电话（或网上）访问。现代通信条件为电话（或网上）访问提供了基础，使访问方便、快捷。电话（或网上）访问主要用于了解对方业务范围、查询或核实某些简单数据资料、与对方进行初步联系和接洽。值得注意的是，电话（或网上）访问由于无法观察对方的反应，可能使调查资料的实用性打折扣。

（3）集体会谈。是指由调查者根据调查目的、内容与要求，邀请有关调查对象进行集体座谈，就调查者提出的问题展开自由讨论，由调查者记录、整理调查对象的意见。

4. 问卷调查法

问卷调查法是广告调查常用的方法，是指调查者事先设计好调查问卷，按随机原则选定一定数量的调查对象，由调查对象回答，然后通过统计分析得出调查结论的一种调查方法。实际工作中，按照调查的组织方式，主要有三种问卷调查：

（1）邮寄问卷询问法。是将设计好的问卷或调查表直接邮寄给调查对象，请其在规定的期限内寄回填好的调查问卷。其优点是调查面广、费用低、调查结果比较客观。缺点是存在回收率低、对问卷理解错误等问题。因此，通常将邮寄问卷询问法与其他方法配合使用。为了提高问卷的回收率和调查对象的积极性，往往将其与售后服务、质量跟踪调查、抽奖活动等联系在一起，也可以辅之以附赠邮票、优惠券、小礼品等方式。

（2）媒体问卷征答。是将拟订的问卷或问题刊登在有关印刷媒体上，或置放于企业的网页上，由读者进行回答。由于印刷媒体征答需要回寄调查问卷，而网上调查相对快捷方便，所以，网上征答应大力推广。媒体问卷征答同样存在调查范围广、费用较低的优点和问卷回复率较低的缺点。为此，在采用这一方法时，一要根据调查目的和对象正确选择媒体，二要采取必要的措施，如有奖征答等，调动被调查者的积极性。

（3）人员上门征答。就是由调查人员携带调查问卷亲自上门，请调查对象填写问卷，以收集信息资料。征答可以个别征答，也可以组织集体式征答。这种方法能有效克服问卷回收率低和问题理解错误的问题，但调查工作量大、成本高，有时还会遭到拒答。因此采用这一方法时，调查人员要注意与被调查者的沟通，尊重被调查者，赢得被调查者的支持。

5. 资料研究法

资料研究法

资料研究法又称文献分析法，是利用内外部的二手资料，运用统计方法，对调查项目进行分析、探究的一种调查方法。资料研究法的使用主要适用于企业无法得到有关资料或者企业不需要开展直接调查的情况。例如，人口资料是广告调查所必需的，可直接利用国家人口普查的资料；居民储蓄存款数据是从个人那里无法得到的，可以利用金融机构提供的资料。资料研究法具有简便易行、内容全面、费用低的优点，但有些资料的获取可能比较困难，而且由于是二手资料，时滞性在所难免，主要是供参考。

同步案例2-1

南方服装有限责任公司广告调查问卷

背景资料：

南方服装有限责任公司主营成人服装，经过几年的发展，企业规模不断扩大，已经具备男、女多个系列的生产能力，并且开展了一系列广告活动。面对日益激烈的市场竞争，为了科学安排广告活动，提高广告的效果，组织开展广告调查，设计了如下的调查问卷：

问题：南方服装有限责任公司的广告调查问卷适合哪些调查组织方式？你认为该问卷还可以增加哪些调查项目？

分析提示：南方服装有限责任公司的广告调查问卷适合邮寄问卷询问法、媒体问卷征答、人员上门征答等多种调查组织方式。

该问卷还可以增加的调查项目包括：大众接触广告的时间、喜欢的形象代言人、对相关品牌广告的态度、相关品牌广告的优缺点等。

尊敬的先生/女士：

您好！感谢您接受我们的访问！您所填写的这份问卷是用以调查广告对大众的生活、学习、工作、娱乐等诸多方面的影响及作用，据以收集的资料将用于对本公司服装广告发展方向的分析和预测。本次调查采取自愿、保密、匿名的原则，尊重受访者的个人隐私，故请您放心填写！

对您的支持我们表示衷心的感谢！

1. 您的性别？先生　　女士

2. 您的年龄？20~30岁　31~40岁　41~50岁　50岁以上

3. 您的职业所涉及的行业领域？

4. 您平常接触广告的主要方式？报纸　电视　杂志　广播　网络　户外广告

5. 您对服装广告的态度怎样？喜欢　讨厌　无所谓

6. 您见过本公司的服装广告吗？见过　　没见过

7. 您认为服装广告应该突出什么？款式　色泽　品牌　价格　质量

……

2.1.3 广告调查的组织与实施

1. 调查准备

周密细致的准备工作是调查成功的基础。广告调查的准备工作比较繁杂，涉及多个方面，如图2-2所示。

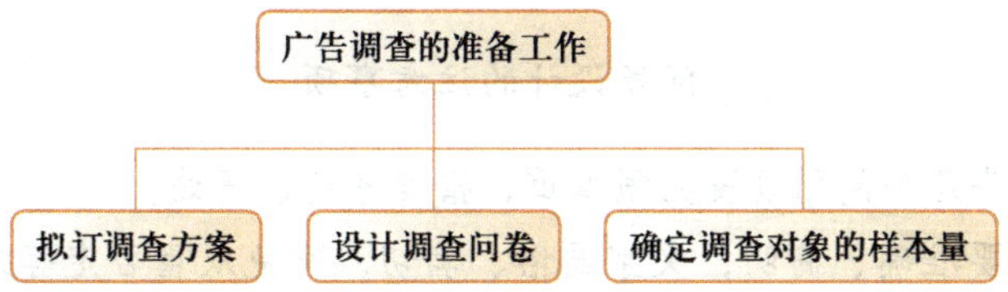

图2-2　广告调查的准备工作

（1）拟订调查方案。调查方案是调查工作的行动指南，调查的过程实际上就是调查方案的执行过程。一份完整的广告调查方案，应包括下列主要内容：

① 广告调查的目的。通常，广告调查的目的有四个：一是为编制广告计划、确定广告目标提供依据；二是为编制广告预算提供依据；三是为广告创作、设计广告、选择广告媒体提供参考资料；四是检验广告效果。

② 广告调查的对象。调查目的不同，其调查对象也不同。由于各类公众的关注点不一，对企业的影响不同，企业应在深入了解对象群体的特点和关注点的基础上，明确向谁调查和由谁提供具体资料的问题。

③ 广告调查的项目。调查项目就是调查的基本内容，主要包括向调查对象了解哪些问题和各方面内容的比例。如果调查项目比较多，还要将项目细化为调查题目。

④ 广告调查计划。调查计划是调查工作的具体安排与打算，是调查方案的具体形式，其内容除了前述的调查目的、调查项目、调查对象外，还应包括调查方法、经费估算、调查日程安排等。

（2）设计调查问卷。设计一份高质量的问卷，是实现调查目的的重要一环。调查问卷的功能在于：将所要调查的内容明确地传达给被调查者，设法取得对方的支持与合作，从而得到真实、准确的答案。问卷设计应把握以下内容：

① 问卷的结构。问卷通常包括问卷的名称、封面信、填答说明、受访者个人资料和问题等几个部分。

② 问题的形式。问题的形式有两种，即开放式问题和封闭式问题。开放式问题不提供具体答案，由被调查者自由回答。封闭式问题提供可供选择的答案，由被调查者选择回答。具体问题的形式有二项选择法、多项选择法、顺位法、漏斗法等。由于开放式问题和封闭式问题两种形式各有所长，一般问卷常常两种形式并用，但开放式问题不宜多，且常放在问卷的末尾部分。

拓展阅读2-1

问卷设计的注意事项

① 问卷头几个问题设置必须慎重，措辞考究、真诚。

② 问题要准确、简明，文字通俗、确切，避免双重否定等复杂句式和诱导性问题。

③ 问题由浅入深排列，复杂性和敏感性问题放在后面。

④ 题量应控制在半小时内能完成，尽量减轻回答者的负担。

⑤ 问题设计不能超出调查对象的知识与能力范围，避免涉及社会禁忌和个人隐私等。

（3）确定调查对象的样本量。广告调查的样本确定，一般都采用抽样调查方式。

首先，要根据调查的目的、对象和内容划定调查的范围，对样本单位标准作出明确的规定，即规定样本单位的标准特征。

其次，要确定样本大小和抽样比例。一般来说，所需样本量大小取决于调查结果的可靠性程度要求和抽样比例。在决定样本规模时，可以考虑以下因素：一是企业可以用于调查的经费；二是可允许的误差；三是调查目标的可信度。一般允许误差为4%~5%，可信度水平为95%以上。精确度和可信度越高，所需抽取的样本数越多，抽样比例越高；反之，则样本数越少，比例越低。

最后，确定样本抽取方法。一是要确定是随机抽样还是非随机抽样，从科学性看，随机抽样是首选。二是在随机或非随机抽样方式下，到底采用哪一种或哪几种具体抽取方法。如随机抽样有简单随机抽样、机械随机抽样、分层抽样、分段随机抽样、等距抽样等；非随机抽样有方便抽样、判断抽样、自然抽样等。

2. 调查实施

调查实施是广告调查的执行阶段，即进行实地调查，收集、整理调查资料的过程。调查实施是广告调查成功的关键，涉及以下三个环节的工作内容。

（1）调查人员的挑选和培训。实地调查往往是从人员的挑选和培训开始的。不同的调查对调查人员的素质要求不一样，必须依据调查方案的要求，选择能与调查任务相匹配的调查人员。通常，要求调查人员有高度的责任心和敬业精神、较高的文化素质和必要的专业知识，对调查工作感兴趣，能吃苦耐劳。企业可以据此从企业的内部或外部（如临时招聘大中专院校学生）挑选调查人员。对所挑选的调查人员，要进行必要的培训和训练，使调查人员提高对调查的认识，理解与掌握调查的方法、技能。培训应在讲解的基础上突出操作训练，真正提高其调查能力。

（2）收集资料。收集资料是由调查人员依照调查方案的要求从被调查者那里得到所需资料的过程。广告调查中，主要是依靠调查人员获取第一手资料，如寄发与回收问卷，进行实验记录、观察记录、询问记录等。同时，可以通过从内部收集、从有关机构索取得到部分调查资料。一般地，收集资料应根据调查需要，遵循从内到外，从利用现有资料到实地调查的原则，以尽量降低调查费用。

（3）调查资料整理。资料整理是资料收集的延续，具有重要意义。一般的工作步骤如图 2–3 所示。

图2–3　调查资料整理步骤

① 原始资料的审核与编辑，即对广告调查资料的审查与去伪存真，并按照一定的逻辑顺序排列，进行数据换算或调整。

② 指标汇总，即把经过编辑选取的大量资料从形态上进行编组或按专题归档，使之成为备用的资料。

③ 备用资料的分类，就是对汇总后的资料进一步按小专题细分。通常可按数量、价值、时间等进行划分，如形成职工人数、客流量、人口、年收入、销售额等指标。

④ 制表，就是把有关调查资料用适当的图表展示出来，以便直观、简洁、形象地说明问题。

3. 调查总结

调查总结是广告调查的最后阶段，主要是对整理好的调查资料进行分析，撰写调查报告。

（1）调查资料分析。调查资料分析的主要任务是利用调查资料与数据，去验证有关各种因素的相互关系和变化趋势，揭示其发展变化的规律。通常要利用数据库和统计分析方法，使定量分析与定性分析相结合，进而得出全面的调查结论。

（2）撰写调查报告。广告调查的结果，最终一般要用调查报告的形式展现，即调查报告是调查活动的成果。调查报告的格式一般由题目、目录、概要、正文、结论和建议、附件等几部分组成。其中，正文应包括关于调查方法的说明、关于市场背景的介绍、关于调查的具体情况概要（状况、问题、原因等）。结论和建议则是写调查报告的主要目的，也是调查所要明确的主要问题。附件是指不包括在调查报告正文中但与正文有关的说明或其他资料，如调查问卷、统计图表等。

小试牛刀 2-1：广告调查

［实训目标］

提高学生的广告调查能力。

［实训内容］

以小组为单位开展调查活动，分别收集3个广告（电视广告、户外广告、报纸广告各1个）。在此基础上，对其进行分析，得出具体结论。

［实训操作］

（1）让学生明确广告调查的基本方法。

（2）将全班学生按照每5~6人分为一组，并选出小组负责人，设计广告调查问卷。

（3）每个小组采用人员上门征答方式进行广告调查。

（4）根据广告调查的问卷资料，形成500字左右的调查报告。

（5）小组长汇报训练内容及成果。

（6）教师对训练情况进行总结。

［成果要求］

（1）每个小组撰写3份调查报告。

（2）每人写出活动的体会。

（3）依调查报告与个人的活动体会为每位学生评估打分。

2.2 广告策划与广告主题

2.2.1 什么是广告策划

1. 广告策划的含义

广告策划就是在广告调查的基础上对广告活动整个过程的谋划与决策。广告策划具有两方面的特征：一是行为是事前的；二是行为本身具有全局性。因而，广告策划就是对广告进行事前性和全局性的谋划与决策。广告策划的特征表明，广告策划是决定广告成效的关键，没有经过精心策划的广告大多是盲目的。

2. 广告策划的类型

广告策划一般有两类：一类是单独性的个别广告策划，即为一个或几个单一性的广告进行策划；另一类是系统性的，具有较大规模，为同一目标而做的一连串各种不同广告活动的策划，即整体广告策划。

个别广告策划，可以增强个别广告的说服力，提高广告效果，顺利实现单个广告要达到的目的。但是，要从总体上实现企业的促销目标，使企业的产品、服务在市场中占据应有位置，并从时间、空间上实现企业经营目标，只有个别的广告策划是不够的，往往需要一个系统性的广告策划。因此，这里主要介绍整体广告策划。整体广告策划建立在广告调查的基础上，内容包括广告目标策划、广告战略策划等。

拓展阅读2-2

从京东“8·18”手机节看精细化IP的打造之路

京东“8·18”手机节对很多人而言并不陌生，作为继“6·18”和“双11”之后的又一大促销节日，京东对于打造这个IP，有不少可圈可点之处。

首先，就主题而言，偏向情感劝服。巧借七夕节点，京东“8·18”手机节以“每一部都精彩”为主题，聚焦都市青年男女手机应用场景，通过诱导消费者回忆过去使用某个手机的时刻，激发用户的情感体验与共鸣。不是将产品的信息强制灌输给受众，而是以“在不同人生阶段，每一部手机陪你走过的一段精彩的岁月”的精准文案，让受众实实在在“被戳到”“被触动”，拉近京东与用户之间的情绪感知，凸显了京东“8·18”手机节的品牌温度。

其次，巧借文化荣耀感，赢取年轻一代消费偏好。如京东“8·18”手机节联手国家宝藏创作团队原班人马，携手打造特别篇节目《你好历史·三问雅集》，邀请三大博物馆馆长与通信科技行业的专家进行跨界对谈。这支文化荣耀感十足的H5也值得一看，如图2-4所示，不仅有古代人的对白、现代人的

图2-4　京东8·18手机节H5广告

情绪特色，更有诙谐生动的文物“戏精”和妙趣横生的手机应用场景，引起朋友圈轰动。

再次，凸显行业地位和权威，将京东8·18手机节打造成高品质IP。一方面，京东依托平台庞大的用户数据发布了《京东超级品类白皮书》，从不同价位机型、操作体验、外观、科技关注度等不同角度和维度解锁了消费者购机新姿势。另一方面，通过邀请专家及行业媒体，并结合大数据的客观公正和权威性，京东手机还重磅打造了“金机奖”，客观上促进了行业的良性竞争，也为消费者提供了有用的购机参考。种种专业操作不遗余力地塑造和凸显京东手机的行业地位，让“权威”为产品背书、增加用户信任度，提升平台商家的销售转化。

最后，联动线上线下，以立体化营销最大范围营造狂欢氛围。线上：京东8·18手机节同时在抖音、微博、微信等社交平台上开展互动，链接到京东App，整合京东站内外的内容营销链路，多渠道实现全网联动，打通由点到线、到面、到网的立体式传播。线下：除了在全国6城12站地铁站展开投放式传播，还重金打造金机奖颁奖晚会，并联动线上引导消费者参与网络投票评选个别奖项，引发消费者的热议和互动，营造狂欢氛围。这种多维度、广覆盖的气氛营造，也是为潜在消费者提供一种行为参考，不仅有效刺激消费者购买手机的欲望，也大大促进了消费者的购买转化。

经过多年打造，京东8·18手机节作为一个辨识度极高的商业符号，已经成为全民现象级IP的电商大促。可以看出，京东8·18手机节是被放在企业战略层面上打造的促销方式，注重IP效应，目光长远。

2.2.2 广告目标策划

广告目标是指广告所要达到的目的，即通过广告宣传要得到什么结果。广告宣传的最终目标是在目标公众中提高广告产品或企业的知名度，树立品牌形象，促使消费者在购买同类商品时能够指牌认购和惠顾消费，从而达到扩大产品市场占有率，使公司获得更多利益的目的。具体到每一则广告或每一个企业的整体广告活动，其目标则呈现多样性。

1. 广告目标的类型

（1）单一广告的目标。通常，制作单一广告至少可以达到以下10个目标中的一个：

① 公告一个企业的开张、一种新产品的问世、一种新服务的诞生；

② 公告一种新的方法、技术改进、产品质量提高；

③ 公告某种商品或服务的价格变动；

④ 公告一种特殊的优惠；

光明莫斯利安牛奶

⑤ 直接进行销售（广告上印有订单）；

⑥ 邀请消费者咨询；

⑦ 保持或提高知名度，让商标引人注意；

⑧ 挽回已失去的销售；

⑨ 尝试去影响市场消费习惯；

⑩ 用广告测试媒体的传播效果。

（2）企业广告活动的目标。由于企业定位、生产经营范围、竞争能力、市场条件等的不同，每个企业在不同时期的广告目标有所不同。常见的广告目标有以下几类：

① 传播企业或产品的名声。通过广告，将企业及其产品或服务、品牌或商标传播给用户，使用户知道有这个企业和这种产品或服务存在。做这种广告的目的大多是让消费者知道企业或产品的名声，以便为人员推销开辟道路。例如，通用电气公司在《商业周刊》上曾发布了这样的一则广告："如果有一样东西给你比你的钱更多的价值，那就是通用电气公司的发动机。"该广告中对发动机未做具体的描述，仅让用户知道这个公司有这种产品，其重点在于使用户对公司品牌有一个很好的印象，从而为产品推销打下坚实的基础。

② 提高用户购买兴趣。这种广告的目的，在于使用户看了或听了广告之后，对产品性能和特点有一个比较清晰的认识，激发起对这类产品的购买欲望。这种广告大多是介绍新产品、新技术、新服务。例如，美菱集团在全国率先推出美菱保鲜冰箱，其广告提出"美菱保鲜冰箱，带给你新鲜的世界"。对于冰箱使用者而言，大家都知道电冰箱的功能是冷冻、冷藏，现在有了保鲜冰箱，其购买欲望很快就被调动起来，美菱冰箱销量的迅速扩大就是证明。这种以提高用户购买兴趣为目标的广告，为便于消费者购买，通常除了介绍产品的性能和特点外，还要把企业的地址及联系方式讲清楚。

③ 改变消费者态度。有些企业或产品给用户的印象不好，特别是企业遭遇危机时，希望通过广告改变用户的态度，从而促进产品的销售，提高市场竞争能力。信息能改变人的行为，这已被证实。广告对于提高企业的知名度，提高消费者对企业的好感程度，改变消费者对某个企业或某种商品的看法，从一种品牌转向另一种品牌的消费等都可能发挥作用。广告主应根据经营战略和企业形象的要求，在对消费者充分调查研究的基础上制定改变态度的目标。例如，过去消费者中只有5%的目标顾客对本企业有好感，要求经过广告后达到20%。

④ 直接达到促进销售的目的。广告的最终目的都是增加销售，如通过广告使人们对产品从认识发展到对它产生兴趣，再从兴趣发展到欲望，直至最后采取购买的行动。广告促进销售的目标，一般以一定时期内促进销售额增长程

度来衡量。最简单的衡量方法，就是确定进行广告后，销售额在一定时期内的增长率。但是这种目标确定方法至少存在以下几个问题：首先，广告后销售额是否增长，影响因素很多，如果一种商品对消费者已没有利益可言，广告也无法使其起死回生。其次，并不是所有的商品都可以用此法来测定广告目标。例如，知名度很高、销售额稳定的商品就难以判别。最后，这种只确定销售额指标的办法会产生广告的短期行为，如欺骗性广告。

⑤ 增强市场竞争能力。其目的在于加强产品的宣传竞争，提高产品的市场竞争能力。广告的诉求重点是宣传本产品较其他品牌同类产品的优异之处，使消费者认识到本产品的好处，以增强他们对广告产品的偏爱，指名购买，并争取使偏好其他产品的消费者实现偏好转移，转而购买和使用本企业宣传的产品。

2. 广告目标的确定

确定广告目标，应遵循下列原则：

（1）要符合企业整体营销要求。广告活动不是一项独立的活动，而是企业整体营销活动中的一项具体工作，因而，广告目标必须在企业目标和营销目标的指导下制定。如图 2-5 所示。

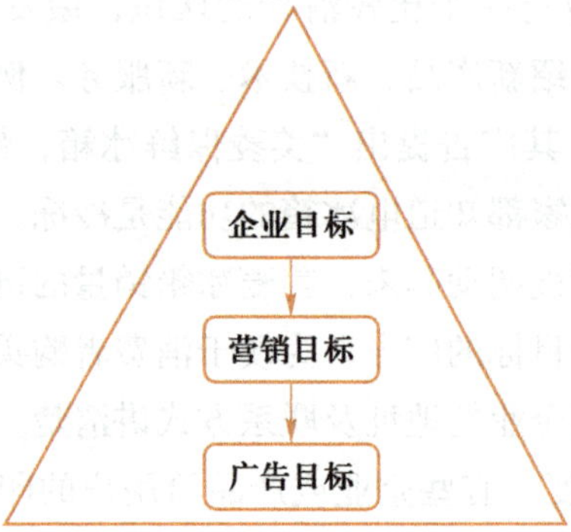

图2-5　广告目标关系图

企业目标是赚取利润；营销目标是销售更多的商品，扩大市场占有率；广告目标是通过宣传，在消费者中提高广告商品的知名度和喜爱率，促使消费者在购买同类商品时能指名购买，达到扩大市场占有率的目标，从而使企业赚取更多的利润。

营销目标要服从于企业目标，而广告目标要服从于企业目标和营销目标的要求。如果某项广告活动，尽管达到了提高商品知名度的目标，但同时使企业的形象或商品品牌的声誉受到损害，其结果还是违背了企业的整体利益，那么，这个广告也是失败的。

（2）广告目标要具体明确。因为广告目标是一切广告活动的核心目标，因此，广告目标必须具体明确，不能模棱两可。在进行广告策划时，要尽量将广告目标具体化。

例如，某品牌头发洗护用品的广告（见图 2–6），在设定广告目标时，包括了以下几个方面的内容：

① 市场。主要面向追求生活品质的女性消费者。

② 营销状况。消费者对头发洗护用品成分的要求，还处于一种不太了解的状态。本产品的市场定位为“天然植物，草本精华”，广告宣传语为“天然得连婴儿都会爱上”。

③ 营销目标。使 90% 以上的目标受众熟知本产品。

④ 广告目标。使 40% 以上的目标受众喜欢本产品，25% 以上的目标受众对品牌产生偏好。

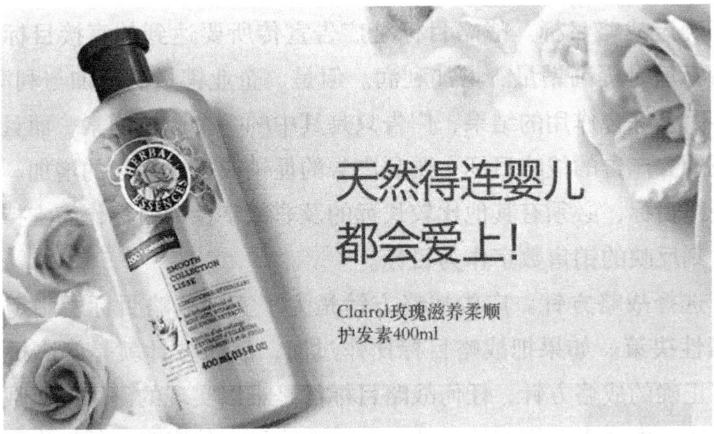

图 2–6　护发素广告

从这个例子可以看出，广告目标所要达到的期限、效果等非常确定。不同的企业、商品，在设定广告目标时，形式上可能有所不同，但都应力争做到具体化，使广告目标可以被测量。如规定广告的视听率、阅读率、知名率、理解率、记忆率、喜爱率等。

（3）广告目标要单一。在一次广告活动中不能追求多个目标。目标多，广告活动就难以收到应有的效果。追求多目标，实际上就是不分主次，不知道广告活动的根本点在哪里。目标单一，当然也并不排斥其分目标或短期目标的确定。

（4）广告目标应有适当的期限。广告目标既不能是暂时的、一时一事的目标，也不能永远只是一个目标。在广告目标实现过程中或期限内，若发现选定的目标不准，或内外环境发生了变化，都需要及时调整或更换广告目标。但要注意保持广告目标的相对稳定性。

（5）广告目标应当切实可行。在确定广告目标时，必须考虑广告目标的可行性，要从实际出发，认真考虑主客观条件的限制，既不能把目标定得过高，无法实现，也不能定得太低，有损于广告主的利益。因此，广告目标应当建立在切实可行的基础上。

2.2.3　广告战略策划

广告战略

广告战略是广告主从全局出发制定的广告活动的总方针和总体部署。企业应贯彻落实党的二十大精神，坚持系统观念，以战略眼光，从可持续发展的角度考虑长远利益。研究广告战略的目的是提高广告的宣传效果，使企业以最低的广告费用达到最好的营销目标。因此，企业必须依据广告调查的情况和广告目标，科学地选择与设计广告战略，提高广告的效果。

1. 广告战略的设计与选择

（1）确定战略目标。战略目标是广告宣传所要达到的直接目标。广告最普通的目标就是提高销量、增加利润。但是，企业销量的增加与利润的增长，往往是多因素综合作用的结果，广告只是其中的一个影响因素，而且其作用是逐渐体现的。广告的战略目标主要是广告的促销成果即销售的增加。它是一个广告的最终目标，必须有其他比较长远的及非数字性的目标作为支持，并非以短期及立刻反映的销售数字作为目标。

（2）选择战略方针。广告战略方针是为了实现战略目标所制定的行为规范和政策性决策。如果把战略目标比作过河，战略方针就是解决桥和船的问题。没有正确的战略方针，任何战略目标都是难以实现的。因此，战略方针在广告战略体系中居于关键或核心地位，对战略目标的实现起保证作用。

（3）确定战略规划。战略规划是企业广告战略的实施纲领。它的任务是把广告的战略目标具体化，把广告的战略方针措施化。在广告业务中，广告的战略规划主要是确定广告的表现战略、媒体战略和品牌战略。

① 表现战略。即选取最有效的表现角度与手法。表现战略的手法很多，是表现产品本身的品质、性能、特点，还是表现产品所能带给人们的利益与满足？是表现企业本身的目标与实力，还是表现社会对企业的信任与推崇？是用自我表现法，还是通过第三者的见证客观地介绍？总之，应根据广告内容、广告市场与宣传对象的差异来研究决定具体的表现战略。

② 媒体战略。广告媒体的种类繁多，如何选择有效的媒体，确定各媒体的组合、广告出现量及其频率等十分重要。现代广告战略往往要求广告宣传采用媒体组合战略，力求集中于一致的攻击目标，提升广告的综合效应。

③ 品牌战略。在广告宣传中，对品牌的宣传常常占有极其重要的地位。因为人们购买生活资料，特别是日用消费品时，往往只识品牌，所以在宣传中，对品牌的宣传地位、突出表现的方法等都是十分讲究的。

广告战略的制定，不是市场战略的简单翻版，应根据市场目标的总要求，在认真分析与研究产品与企业的情报、市场表现、消费者情况，及其与之相关的各种环境资料的基础上，拟订多种方案，反复比较、推敲。只有这样，才有可能制定出正确的、科学的、创造性的广告战略。

2. 广告战略的评价

广告战略的评价是在对广告战略分析的基础上，论证广告战略方案可行性的过程。企业可供选择的广告战略方案一般有若干种，但是最适合企业外部环境与内在条件的战略方案只有一种。因此，战略选择是选择备选方案中最适合企业特点的战略方案。这就决定了广告战略评价要把重点放在评价广告战略目标同广告目标是否一致，广告战略同企业的经营环境是否一致，广告战略规划同企业的总体目标是否一致，以及广告战略本身的目标与方针是否一致等方面。

（1）广告战略评价的原则。

① 整体优势最大化。每套广告战略方案中都含有广告目标、方针、政策与措施等。根据战略方案评价一致性的要求，不但方案本身要一致，而且方案要与企业的经营目标相吻合。但是，广告战略的制定过程受到主客观因素的影响，只能做到相对的一致。因此，战略方案评价是通过方案的相互比较、方案同企业经营情况的比较，使一套广告战略方案整体优势达到最大化。

根据企业内外部条件和环境制定的广告战略方案，都具有其优势和劣势。广告战略的评价是整体评价，就是不仅要评价每个方案中的单项措施、方针的可行性大小，而且重要的是评价方案的整体组合优势。单项的最优绝不等于整体最优，因此，必须把整体最优作为广告战略评价的首要标准。

② 竞争优势最大化。在激烈的市场竞争中，具有竞争性的广告战略，是一门创造或探索竞争优势的艺术。因此，评价广告战略要把其应有的竞争力作为一项重要标准。

一个具有较强竞争优势的广告战略，应具有高吸引力、高知名度与高影响力的特点。高吸引力能保证广告唤起买主的注意；高知名度有利于树立品牌形象；高影响力能培养需求偏好。广告战略评价，就是要以这三项特点为标准来分析每个方案的竞争优势，从而找出最具有竞争优势的可行性方案。

（2）广告战略评价的方法。

① 定性分析方法。定性分析方法主要是通过个人的洞察力、判断力、经验等来分析、论证、评价广告战略方案的可行性。经常使用的方法有德尔菲

法、头脑风暴法等。定性分析的应着重分析广告战略的社会性与公共性，使企业的广告成为塑造企业与产品形象的重要手段。分析过程中，要特别注意考察广告战略的客观性与真实性。广告要力戒自吹自擂，合理搭配广告信息的事实性部分与心理性部分，对于刺激“初级需求”的广告应以事实性宣传为主；对于“选择性需求”，则可侧重心理性信息沟通。

② 定量分析方法。主要是运用传统的定量分析技术来评价广告战略方案的可行性。常用的定量分析方法有成本控制分析和投入产出分析等。例如，企业可以比较各种广告战略实施的费用总额，结合企业拟投入的广告费决定战略方案的取舍。企业还可以测度广告费投入与广告效果产出的比例，按效益标准确定广告战略方案。

同步案例2-2

宝马汽车亚洲区域广告策划

背景资料：

“如果你只是跟着别人的步伐，那么你就不要期望能够超越它。”这是宝马公司总裁Pis—chetsider先生在表述其公司哲学时的一句名言。宝马凭借这一追求创新的公司哲学和独具特色的行销方略，犹如一匹剽悍的黑马，风靡欧美，驰骋亚洲。

独具特色的宝马市场行销方略，集中反映在它的厂牌定位、产品策略、定价策略等方面。

设计、动力与科技——宝马的厂牌定位

“最完美的驾驶工具”是宝马别出心裁的厂牌定位。这个诉求结合三大要素：设计、动力与科技。从而树立了宝马“尊贵、年轻、活力”的形象，这一形象与传统名牌平治/宾士汽车的“尊贵、传统、豪华”区分开来。宝马公司所有的传播沟通策略都至少以其中一项作为主题依据，每一个要素的定义都特别考虑宝马的顾客群。使宝马在亚洲成为“成功的新象征”。

宝马的厂牌定位，巧妙地绕过了奔驰这一强劲敌手。通过区别旧与新，使宝马从其他厂牌中分离出来，全力吸引新一代，寻求经济和社会地位成功的亚洲商人，明确提出宝马能够满足那些在乎形象、追求极致表现车主的所有要求，而不是紧紧跟随奔驰的陈旧步伐。

系列优雅风格——宝马的产品策略

宝马的汽车种类繁多，分别以不同系列来设定它们的等级。从较小型、时髦的三系列，到提供安全舒适空间的五系列，再发展适合高级人员的七系列房车，直到独特优雅的八系列双门跑车，所有车系都具备了宝马汽车惯有的优雅风格，潜在的动力、高品质的做工，以及无与伦比的安全标准，从而进一步稳固宝马“成功的新形象”。

高价位——宝马的定价策略

宝马定位于高价区间，以高于其他大众车厂牌的价格出现。这一定位是基于宝马优于其他厂牌的产品及具备完善的服务特性，以及宝马品牌象征的价值。这一价位策略达成了以下效果：

作为宝马汽车品质的指标，价格也传达了品牌象征与声望的讯息；相对于竞争厂牌的专用性与独特性，消费者的社会成就可以在他的生活里得到反映；从价位角度再次折射出宝马“成功的新形象”。

问题：

1. 宝马汽车亚洲区域的广告策划为什么能取得成功？

2. 该案例对汽车类产品广告策划有何指导意义？

分析提示：

1. 宝马汽车亚洲区域广告策划的成功，主要在于：别出心裁的厂牌定位；独具优雅风格的产品策略；高端的定价策略。

2. 指导意义在于：汽车品牌繁多，从功能的角度来看，区分度有限，要想独树一帜，必须要有清晰的定位。对于重量级的竞争对手，要采用迂回的策略规避正面碰撞的风险，通过有效的广告策略营造自身的良好形象。

2.2.4　广告主题

广告主题就是广告所要表达的中心思想。广告的主题应贯穿于广告之中，使组成广告的各要素有机地组成一部完整的广告作品。因此，广告主题策划成为广告策划的重要内容，也是影响广告效果的关键因素。

1. 广告主题的构成要素

广告主题是寓含于广告信息之中的，一则广告往往是广告目标、信息个性、心理诱导等因素的综合。因此，设计广告的主题，必须具体分析广告主题的构成要素，综合有关信息，体现科学性、实用性原则。

（1）广告目标要素。广告目标的实现，对广告主题提出了要求。尽管广告目标多种多样，但在广告目标中表现的主题有以下三种：

① 提供信息。当企业初创或产品处于市场开拓阶段，广告目标是传播企业或产品的名声，其广告的主题是提供信息。例如，我国的钻石广告对象主要是年轻消费者，以婚姻永久的象征来引导中国的消费者，某钻戒品牌的广告所展示的是一对青梅竹马的情侣，从孩提时代经历少年时光到婚礼时刻，所赠的礼物由鲜花渐渐变成钻戒。

② 说服购买。说服购买通常有两种形式：一是广告目标是为特定的品牌培植选择性需求，提高用户的购买兴趣，广告主题是显示品牌的特征，激发购买欲望。二是广告以增强竞争力为目标，广告采用与其他品牌的特定比较的方式来突出自己的优越性。但第二种形式应注意特定的表达方式，不能有违平等竞争原则。

③ 提醒购买。对于成熟的产品来说，广告应突出的主题是提醒购买，以维持或扩大产品销量，延缓产品衰退。例如，可口可乐采用杂志广告中成本很高的四色印刷的目的是提醒购买，而不是通知或说服消费者购买可口可乐。消费品中的日用品以培植消费偏好为目标的广告其主题也大多是提醒购买。

（2）信息个性要素。广告信息是广告的内容。广告所传递的主要是有关商品、劳务或商誉的信息，从信息本身看，主要表现为消息、情报、信号、资料等形式。不论哪一种形式的信息，都应表达一个主题。广告信息的主题从信息个性看，主要有 6 种，如图 2–7 所示。

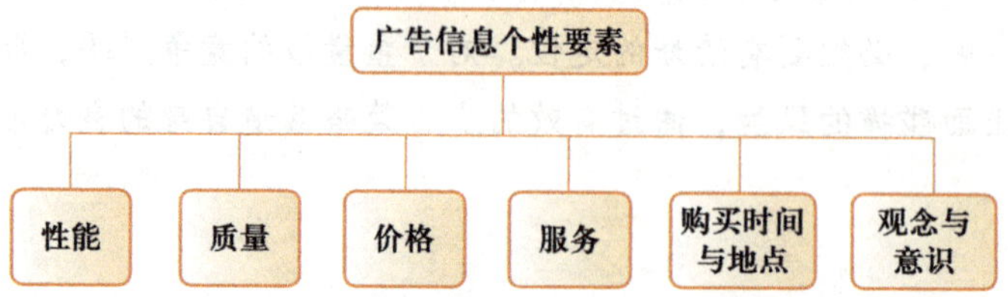

图 2–7　广告信息个性要素

① 性能。广告突出商品或劳务的性能，着重宣传其效用，其佐证资料主要是性能特征，使广告对象明确其优越性。例如，VCD 产品广告大力宣传其高清晰度；洗发水介绍其洗发与护发双重效果；食品广告夸赞其独特口味等。

② 质量。质量是产品与服务的保证，也是消费者追求的核心。广告突出质量主题，大多是提供产品或服务的标准，使广告对象认清其质量水准，为其购买决策提供依据。例如，产品广告宣称产品免检，突出著名的商标，服务业介绍其星级达标等，都是以质量为主题的。

③ 价格。优惠的价格是大多数消费者感兴趣的。彩电业降价大战，只宣传其降价幅度，销量就急剧增加；服务业推出让利举措，客源马上发生变化等。这些都表明价格杠杆在起作用。

④ 服务。服务作为产品整体概念的重要组成部分，既是消费者关心的重要内容，也是企业竞争能力的一大砝码，是许多企业广告的核心主题之一。例

如，技术产品玉柴机器的畅销，其广告宣称的竭诚快速的服务功不可没（见图 2-8）。

图 2-8　玉柴机器广告画面

⑤ 购买时间与地点。购买时间与购买地点的方便是买方市场的客观要求。以此作为广告主题也是众多厂商的明智选择。

⑥ 观念与意识。广告倡导某种观念与意识，有利于使顾客树立一种新的消费观念，从而刺激需求。例如，旅游业的广告以“见多识广”为主题，民航以“节省时间，提高效率”为广告主题，都是在倡导新的消费观念。

报喜鸟私人订制服饰定位广告

2. 广告主题设计的要求

广告主题策划是一项复杂的工程，必须当作一个系统来看待。因此，要在广告目标策划和广告战略策划的基础上，认真分析广告主题的构成因素，精心设计恰当的广告主题。总结实践经验，广告主题设计应注意以下几点：

（1）诉求明确。广告主题设计首先要考虑的问题就是：“这个广告要说明什么？”即广告主题设计一定要反映较明确、较直观的广告诉求，通过明确的诉求激发消费者的购买动机，或为消费者的购买行为寻找恰当的理由。如果主题设计体现不出明确的广告诉求就难以达到广告的目的。例如，有一种营养品的广告为“看中华美景，喝 ×× 补品”，这个广告就没有明确的诉求主题，因为这种营养品尽管名字上也有“中华”二字，但它和游览祖国的名胜景观并没有实质性的联系。作为营养品应该考虑它的健身效用以及孝敬老人、馈赠亲友的情感功能，把它和“看中华美景”硬拉在一起，不但产生不了明确的诉求效果，反而模糊了消费者对这个产品功能的认识。

（2）重点突出。广告的主题不可能把所有的信息都包括进去，而应该传达最重要、最关键的信息，因此，广告主题设计必须重点突出。要突出重点信息，就必须全面地了解市场、产品、企业以及消费者的情况，有针对性地突出自己的优势，宣传自己的长处，否则随意落笔，离题太远就不可能激起人们的兴趣，也就无法使广告在消费者心目中留下深刻的印象。

海天酱油 VS 厨邦酱油广告

（3）信息丰富。在宣传重点突出的前提下，广告主题还要尽可能地使信息丰富，特别是广告的目的、给消费者带来的好处以及对消费者的承诺应该在广告中体现出来。例如，广告目的是促使消费者购买，还是同竞争者开展市场竞争？目的不同在广告主题的选择上是有差别的。另外，能为消费者带来什么利益？对消费者的承诺是什么？这是消费者对广告内容感兴趣，并对广告的宣传表示信服的重要条件。只有在广告主题中使这些要素得到全面的体现，广告设计才会成功。

3. 广告主题的类型

从广告主题设计所侧重的不同角度，广告主题可以分为以下几种类型：

（1）以产品和服务为主题。广告的中心内容是讲产品、服务的优势、特点。如安徽芳草日化股份有限公司的芳草牙膏的广告“芳草、芳草，止血脱敏效果好，若要牙齿好，天天用芳草”。其产品特点十分明显，是“止血脱敏”（见图 2-9）。

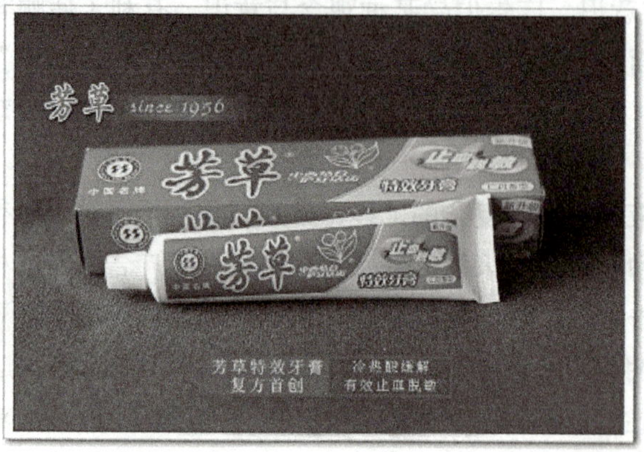

图 2-9　芳草牙膏的广告

（2）以企业和产品的历史、现状、规模为主题。其中的内容是以企业的悠久历史来提高产品的声望。如四川泸州老窖的广告，宣传其窖池是国家重点文物保护单位，以树立产品的声望。

（3）以技术或实力为主题。广告主题体现企业所采用的高新技术以及企业雄厚的经济实力，在消费者中树立一种质量可靠、品质优良的形象。例如，梅花表的广告“先进石英科技，准确分秒不差”，突出产品的科技水平，强化“准确”这一产品特征。

（4）以销售状况以及信息反馈为主题。广告将销售的空前盛况以及消费者的积极反应体现在广告中。例如，京东双 11 广告及时反馈平台下单总金额，让消费者产生信赖感（见图 2-10）。有一些药品、营养品的广告将服务者的反馈意见在广告上大力宣传，以证明其产品的效能卓越，也属于这种类型。

图2-10　京东双11广告

（5）以情感诉求为主题。广告中不对产品本身做介绍，只注意对消费者进行情感诉求，以唤起消费者的共鸣。例如，北大富硒康口服液的广告“母亲，辛苦了！北大富硒康”。味千拉面父亲节主题的广告“这一碗，让心里好满”（见图2-11）等，都是以情感诉求为主题的。

图2-11　味千拉面父亲节主题的广告

4. 选择广告主题应注意的问题

（1）根据产品的不同性质确定主题。不同性质的产品都有其特定的销售对象，必须把不同产品的目标市场同多种多样的买主利益结合起来考虑。如做生产资料和高档耐用消费品的广告，其广告主题应突出产品的可靠性，重点宣传产品的性能、质量、商标的权威性以及企业向消费者提供售后服务的能力，包括服务网点的多少、服务队伍的大小、服务技术的高低等。而日用消费品，特别是化妆品、服装和时尚产品广告，应以宣传产品的社会价值为主题，突出宣传使用这种产品能给消费者带来什么希望和满足，使其获得什么新的价值标准，并引起消费者产生丰富多彩的联想，以促进和强化消费者的购买欲望。

（2）针对消费心理确定主题。要注意研究买主的消费心理，运用广告宣传去激发它、满足它。首先，向买主宣传产品的独特好处，要避免选用竞争对手已采用的主题。要想唤起消费者的兴趣，就必须着重说明企业的产品有什么与众不同的地方。比如产品或劳务的特点，跟消费者或使用者有什么关系、对他们有什么益处，跟竞争企业的同类产品相比又有什么长处等。人们常常要买的不是商品本身，而是商品给他们带来的希望、信念和价值标准。因此，在选择广告主题时不应忽略从消费心理上牢牢抓住消费者。

宝洁广告的主题

（3）突出宣传品牌。品牌是一个企业或一种产品的质量、特点的重要标志。每当有众多的同类商品同时涌现在消费者面前任其选购时，如果消费者一时还弄不清每种商品的质量，就会凭着对品牌的信任来选购商品。因此，品牌就对产品的销售起到了重要的作用。所以，企业必须用自己的高质量去创名牌，同时要利用广告突出对本企业品牌的宣传。

（4）每个广告只能突出一种买主利益。一个广告的主题最好只强调一种买主利益，这样针对性强，易于吸引潜在买主的注意力。如果某一种商品特点很多，就不妨做成一整套广告，每个阶段的广告主题只突出一个特点，这样就能使广告达到主题明确的效果。所以，广告的主题应重视整体策划，而不是一次设计，一成不变。

文化素养2-2

如何确定广告主题？

广告主题的确立，有三个基本要求：其一，创意新颖。有的广告主题之所以缺乏震撼力，人们看了以后没有兴趣，关键是公式化、口号式，或缺少新意。诸如团结、进取、求实、创新、同心同德、开拓进取之类社论式语言，观点自然不错，问题在于缺乏新意。主题之新，关键在于立意、语言风格之新，所以必须进行适当的话语转换。其二，健康、有品位。主题喻示了一种理念，透露着一种精神，有较浓的文化色彩。那么，主题的确立应该是健康的。事实上，在现实生活中，有很多为人坚守并讴歌的东西，如亲情、友情、爱情、卓越、慷慨、无畏、达观、宽容、和谐、进步等，这里可以演绎出许多主题。其三，切入公众的关心点。广告主题强调要有较高的立意，但它同时应符合公众需求，切入公众的关心点。中国平安保险公司在电视台上曾经发布以“中国平安为构建和谐社会保平安”为主题的广告，与时代精神和公众的关注点比较契合。

资料来源：根据上海影视制作公司网站资料整理。

2.3 广告预算

广告预算是企业广告活动费用的匡算与安排，是企业投入广告活动的资金费用计划。它规定了企业从事广告活动所需的计划经费总额、计划使用范围及计划使用方法。广告预算是企业广告活动得以顺利进行的财力保证。

编制广告预算，可以合理地解决广告费与企业利益的关系。对一个广告主而言，广告费不是越多越好，也不是越少越好。广告活动的规模和广告费用的多少，应与企业的生产和流通规模相适应，在发展中求节约。在正常情况下，产品销售量与广告的相对费用是成反比的。因为，广告促进了销售，也就促进了生产成本和销售成本的降低，也包括由规模经济带来的单位广告成本的降低。但从经济学的角度来考虑，任何现实的投入都存在边际产出问题，广告投入过度会使生产和流通的成本增加。因此广告的投入要适度，过度的投入不但不会使投入产出比上升，反而会引起投入产出比的降低。

2.3.1 广告预算的内容

广告费的内容，包括广告活动中所需的各种费用，主要有广告调查与策划费、广告设计费、广告制作费、广告媒体使用租金、以广告机构办公费与人员工资为主的管理费等。依据其用途与性质，可划分为三类广告费用：

1. 直接广告费用和间接广告费用

直接广告费用是指直接用于广告活动的设计制作费和媒体租金；间接广告费用是指企业广告部门的行政费用。在管理上，应尽量压缩间接费用，提高直接广告费用的比重。

2. 自营广告费用和他营广告费用

自营广告费用指广告主本身的广告费用，包括本企业的直接与间接广告费。他营广告费用则是指企业委托其他专业广告部门代理广告活动的一切费用。一般而言，他营广告费用在财务上比自营广告费用要节约，使用效益也更好。

3. 固定广告费和变动广告费

固定广告费是自营广告人员组织的费用及其他管理费用，这些费用开支在一定时间内是相对固定的。变动广告费是因广告实施量大小而变化的费用，如因数量、媒体、覆盖面、时间等各种因素影响而变化的费用。

2.3.2 广告预算的依据

1. 产品销售额或营业额

企业根据销售额或营业额来制定广告预算。企业用产品销售额或营业额乘以广告费率即可确定广告预算。例如，某公司下一年度的销售总额预测为2 000万元，公司确定的广告费用占销售总额的百分率为2%，那么，下一年度的广告预算就是40万元。这种方法在计算依据上略有不同，有的根据上年度来计算，有的根据未来的预测值计算，也有的根据两者混合平均数计算。国外企业一般以销售收入的3%或5%作为广告费用，而我国企业略低。以产品销售额或营业额作为广告预算依据，其优点是：

第一，使企业在销售额或营业额和广告预算之间保持比较稳定的比例，计算较为准确。

第二，使管理者能正确把握广告费与销售收入之间的关系，有利于制定发展计划。

但是，以产品销售额或营业额作为广告预算依据，也有不足之处：

首先，逻辑上的不合理。它倒果为因，把销售额等当作广告的原因，而不是结果，从而忽略了广告对销售的主动促进作用。遇到比较好的宣传机会时，会因广告费的限制而失去良机。

其次，所有的商品都取统一的百分率，当某一种产品存在某种特殊需要时则无能为力。

所以，运用这种方法时，不能把百分率定得太死，要把各种因素结合起来考虑，使广告预算在不同的市场和不同情况下留有余地，带有一定的灵活性。

2. 量力而行

这是按照企业财力情况来决定广告预算，即企业花得起多少钱做广告的方法。这种做法的指导思想是广告不仅可以促成眼前的销售，还可以为产品创造良好的商誉，进而创造未来的销售机会。因此，广告往往被看作一种投资，一般都是在广告效果无法衡量的情况下采用的，比较适合于财力较弱的中小企业。

3. 均势竞争

均势竞争就是企业在确定广告预算时，参照竞争对手做了哪些广告、花了多少费用，确定与竞争者保持相当数量的广告预算。其主导思想是保持市场竞争中的均势，使自己在广告竞争中不亚于自己的对手。这种以均势竞争为依据确定广告预算的方法，一般是在同一个市场上只有两三家竞争对手的情况下才适用。例如，在同一个大城市里，只有两三家大的百货公司，或者同一种产品只有两三家企业生产，应先参照竞争对手的相关情况，再考虑本企业应采取什么样的广告策略并决定花多少广告费用。

这种做法使竞争者彼此看齐，把广告作为竞争的武器，实行针锋相对的宣传策略。但是，由于竞争企业之间的资源、声誉、市场机会、销售目标各不相同，使用相同的广告预算并不一定合理、有效。此外，均势竞争还可能引发广告大战。

4. 目标与任务

依据既定的广告目标与任务，以及所期望赢得的营业收入及利润目标来确定广告预算。企业应通过测算各项广告费用，匡算广告预算总额。以目标与任务为依据进行广告费预算最为复杂，但较为科学，其关键在于广告目标是否定得准确。

2.3.3　广告预算的方法

1. 广告费的计算方法

广告费的计算方法是广告预算依据的具体体现。实际业务中，广告费的计算方法多种多样，这里仅列举常用的六种方法：

（1）销售额百分比法。销售额百分比法是以一定比率计算广告费用。在实际匡算过程中，又可分为计划销售额百分比法、上年销售额百分比法、两者综合折中的平均销售额百分比法以及计划销售增加额百分比法四种。很明显，这种计算方法的理论依据是产品销售额。这种方法简单方便，但如前所述它过于呆板，不能适应市场变化。

（2）利润百分比法。利润根据计算口径不同，可分为实现利润和纯利润两种。因此，在事实上，这种计算方法也是两种，即实现利润百分比法和纯利润百分比法。

这种方法在计算上也较简单方便。同时，使广告费与利润直接挂钩，适合于老产品间的广告费分配，但新上市产品不适用。

（3）销售单位法。这是以销售单位产品的广告费分摊额匡计广告费的方法，一般以计划销售数为基数计算广告费用。

这种方法适合于薄利多销产品。运用这一方法，可掌握各产品的广告费开支及其变化规律。同时，可方便地掌握广告效果。

（4）目标达成法。这是指根据企业的市场战略和销售目标，具体确立广告的目标，再根据广告目标要求选择广告策略，制定广告计划，再进行广告预算。

这种方法比较科学，适应市场营销的变化而灵活地决定广告预算，尤其是对新上市产品发动强力推销很有益处。

（5）竞争对抗法。这是指根据产品的竞争对手的广告费开支，来确定本企业的广告预算。广告主明确地把广告当成了进行市场竞争的工具。其具体的计算方法有两种：

① 市场占有率法。

$$广告预算=\frac{竞争对手广告费额}{竞争对手市场占有率}\times 本企业预期市场占有率$$

② 增减百分比法。

$$广告预算=企业上年广告费用\times(1\pm 竞争对手广告费增减率)$$

（6）支出定额法。这是根据企业的财务状况，按量力而行的原则，以可能支出多少广告费来设定广告预算的方法，适用于财力一般的中小企业。

2. 广告预算的分配

在框定广告预算后，要针对广告计划的各项细目，将广告预算总额分配到各个广告活动项目。

（1）影响广告费分配的因素。

① 产品生命周期。一般而言，新产品需要花费大量的广告费以建立知名度，并得到消费者的试用，而已有知名度的品牌所需的广告费较低。因此，处于导入期的产品，其广告费应多于处于成长期、饱和期和衰退期的产品。

② 利润率。利润率高的产品，广告费投入一般较多；反之，低利润产品的广告费投入则较少。

③ 销售量。销售量大的产品，投入的广告费多；反之则少。

④ 市场范围。市场范围大的产品投入的广告费多；反之则少。

⑤ 竞争与干扰。在竞争者众多、广告竞争激烈的市场上，一个品牌的广告活动，只有高于市场上的干扰才能为人所注意。即使不是本品牌直接竞争者的广告干扰，也可能要大做广告回敬。因此，市场竞争激烈，广告费投入多；反之则少。

⑥ 部门工作任务。各部门任务不同，所负担的工作性质和工作量不一样，广告费的分配额也有所不同。通常应保证媒体费用，使媒体费用占广告预算总额的比重控制在70%以上。

（2）广告预算分配的范围。

① 媒体间分配。根据媒体策略划块分配。

② 媒体内分配。是同种媒体的划块分配结果，即在不同媒体单位间的分配。

③ 地域分配。依据需要在各区域间分摊广告费，实行切块分配。

④ 时间分配。长期的广告计划，有年度广告费的分配；季度广告计划则有季度、月度广告费的分配。此外，还应留有一部分作为机动费。

⑤ 产品分配。即不同广告产品间的广告费用分配。此外，公益广告、企业形象广告和观念广告也需要分摊一部分费用。

⑥ 广告对象分配。按广告计划中的不同广告对象，如团体用户和企业用户、最终消费者等分配广告费。

3. 编制广告预算书

广告预算书的内容是对广告预算的列支、分配等进行详尽的说明。一般应以图表形式列明广告预算的项目和项目内的费用分配等内容。广告预算书的基本格式如表2–4所示。

表2–4　广告预算书的基本格式

广告预算书

委托单位：	负责人：
预算单位：	负责人：
广告预算项目：	期　限：
广告预算总额：	预算员：

项目	开支内容	费用（万元）	执行时间	备注
市场调查与策划费				
广告设计费				
广告制作费				
广告媒体租金				
促销与公关费				
管理费用				
其他杂费				
机动费用				
总计				

日期：　　年　　月　　日

（1）项目。包括市场调查与策划费、广告设计费、广告制作费、广告媒体租金、广告机构办公费（或管理费）与人员工资（服务费）、促销与公关活动费及其他杂费开支（如邮电、运输、差旅、劳务等费用）等。

（2）项目的费用分配。主要指广告预算列支项目的细分，或不同工作阶段的广告费分配。

广告预算书一般应附加说明文字，对广告预算书的内容进行解释。

小试牛刀 2-2：编制广告预算书

[实训目标]

训练与提高学生编制广告预算书的能力。

[实训内容]

以小组为单位编制广告预算书。

[实训操作]

（1）让学生明确广告预算书的编制方法。

（2）将全班学生每5~6人分为一组，并选出小组负责人，练习编制广告预算书。

（3）每个小组分别编制一个工业企业和一个商业或者其他服务企业的广告预算书。

（4）每份广告预算书附加说明文字，对广告预算书的内容进行解释。

（5）小组长汇报训练情况。

（6）教师对训练情况进行总结。

[成果要求]

（1）每个小组编制2份广告预算书。

（2）每人写出训练的体会。

（3）依广告预算书与个人的体会为每位学生评估打分。

2.4 广告策划书

广告策划书是广告人员在对市场、产品和消费者进行的广告调查基础上，对广告活动进行全面的、科学的论证分析以后所形成的总体广告运作的文案。它是有关广告调查分析结论、广告目标决策、广告定位策略、媒体策略、创意成果、表现策略、预算方案等总体架构的说明书。广告策划书是广告活动的工作指南。

2.4.1　广告策划书的内容与结构

一份完整的广告策划书，尽管其格式与架构可以独具特色，但是，必须具有的内容是一致的。表 2–5 给出了常见的广告策划书目录。

表 2–5　常见的广告策划书目录

目录	
1	前言
2	市场分析
3	广告战略
4	广告策略
5	广告计划
6	广告预算
7	广告效果预测
8	附录

1. 前言

前言作为整个广告策划书的总纲部分，主要介绍广告策划项目的由来、经历的时间、指导思想、理论依据、事实依据以及广告策划书的目录或提纲。

2. 市场分析

市场分析部分，主要阐述广告主的内部与外部环境及条件，形成广告调查与分析的结论。其具体内容有：

（1）市场背景分析。主要是分析与策划的产品或企业广告有关的市场情况，包括有关的国家经济形势与产业政策、市场文化（社会习俗、消费文化、文明程度等）、市场变化发展趋势、消费状况、竞争态势等。

（2）产品分析。具体分析产品的优势及不利因素，主要包括产品的历史、品牌形象、个性（原料、产地、工艺、品种、性能、用途、生命周期、服务等）及产品市场适销情况。

（3）竞争态势分析。需要分析市场的供求状况与趋势、主要竞争对手的优势与劣势、市场占有率状况，从中找准企业所处的位置。

3. 广告战略

广告战略作为广告主为实现企业营销目标，对广告活动进行的具有全局性的谋划，成为广告策划书的重要内容。广告策划书中应明确的广告战略内容有：

（1）广告目标。即根据企业目标和营销目标所确定的广告在提高知名度、美誉度、市场占有率等方面应达到的具体要求。广告目标必须有数值或比例等量化指标。

（2）广告对象。根据市场分析和定位研究，找出最有消费潜力的消费群体，明确对象群体的性别、年龄、职业、消费水平与偏好等，进而确定诉求的内容与方式、媒体选择原则和刊播时机。

（3）广告地区。根据市场定位与产品定位研究的结果，决定市场目标，并确定广告定位主要针对哪些地域，为广告的市场覆盖提供依据。

大众帕萨特广告

（4）广告创意。是根据广告主题所提出的广告表现构思。应主要介绍广告宣传的意境设想、意境表述、意境风格和创意的独特之处。

4. 广告策略

广告策略是企业在广告活动中为取得更好的广告效果而运用的手段和方法。它是广告战略的具体体现，是广告活动成功的关键。广告策划书涉及的广告策略包括如下几种：

（1）定位策略。主要介绍企业形象和品牌形象的定位建议、市场定位、宣传品牌的品质定位和观念定位等。

（2）诉求策略。针对广告主题，介绍广告宣传的诉求对象、诉求符号、诉求信息和诉求方式，明确诉求的重点。

（3）媒体策略。主要说明广告媒体选择的原则、媒体分配规划、媒体组合与搭配规则、拟选用媒体及媒体单位、持续时间与选用次数等。

（4）表现策略。主要介绍广告的主题表述、文案表述（如平面广告文案、影视广告分镜头脚本）、广告媒介的表现方式、媒介规格及制作要求等。

5. 广告计划

广告计划是执行广告宣传方案的具体安排与打算，是实现广告预期的指南。广告计划的具体内容有：

（1）广告工作计划。主要表现为进行广告调查、创意、策划、设计、制作和实施的时间安排，以及具体执行部门与人员安排。

（2）广告发布计划。主要介绍广告作品在各种媒介上推出的时机及广告作品在文化、心理上的象征意义，广告宣传的持续时间、终止时间和在媒体上出现的次数安排。

（3）辅助活动计划。主要介绍配合广告宣传的其他市场促销活动的时间安排，如商品展销、营业推广、公共关系活动等。

案例

娃哈哈营养快线营销广告策划

6. 广告预算

主要介绍广告预算的主要依据和广告预算书的内容。广告预算的具体内容包括项目列支和项目分配。

7. 广告效果预测

以“前言”部分规定的任务和目标为准则，展望广告活动的预期结果，佐证广告策划的可行性。效果预测应实事求是，简明扼要。

2.4.2　广告策划书的编制要求

广告策划书作为广告活动的规范性文件，对企业的广告活动具有重要的现实意义。这就要求广告策划书的编制必须科学、规范，使之成为真正意义上的行动指南。总结编制广告策划书的一般经验，在编制广告策划书时应注意下列要求：

1. 程序操作

编制广告策划书的基本操作程序是：收集与整理广告调查资料和其他相关资料；拟订写作提纲，确定篇幅；具体写作与检查核对；修改定稿。因为程序操作可以避免思路不清、重复或遗漏等问题，保证其科学性，所以，编制广告策划书要求程序操作。

2. 内容真实，重点突出

策划书是实际工作的指针，广告活动的高成本与预算约束，要求策划书必须保持实用性。因此，策划书的内容必须真实可靠，具有现实指导意义。同时，策划工作内容有轻重主次之分，必须突出重点，避免面面俱到。

3. 信息量适中

策划书要反映一定量的信息，因为信息量是其立论的基础。但是，策划书不是调研报告，关键是观点，对信息的叙述不可过量，能说明问题即可。如果确需较多的相关信息，可以考虑以附录的形式单列。当然，缺少足够信息资料的空谈也是不可取的。

4. 写作规范，可读性强

策划书的写作必须按其文案格式与要求，注重规范化，保持可读性。层次分明、条理清晰、语句顺畅、中心突出是规范化的基本标准。必须注意其可读性与专业性要求，在通俗易懂的同时，尽量保证其专业性。此外，策划书的编辑、排版、印制及装订都应符合专业规范。

同步案例2-3

高露洁牙膏广告战略与策略策划

背景资料：

以下是某专业人士为高露洁牙膏撰写的广告策划书的部分内容：

1. 广告的战略

（1）用非常有个性和创意的广告语来激起年轻人的兴趣，在他们心中留下深刻的印象，并改变部分消费者的使用习惯。

（2）用独特的包装刺激消费者产生购买兴趣。

（3）聘请当红明星代言，从而改变部分消费者的消费选择，扩大销售范围。

（4）通过促销活动使部分消费者形成新的购买习惯。

2. 广告对象

（1）市场调查结果表明销售对象是年轻人，因此广告对象是年轻人。

（2）现代少年儿童由于家庭条件的改善和教育水平的提高，都崇尚潮流，都喜欢模仿明星，所以少年儿童是重要的潜在消费群。

（3）一般一个家庭都用一个牌子的牙膏，如果小孩选择高露洁的话，那么高露洁的销售量将大大提高。

3. 广告地区

（1）主要在发达的城市，如广州、深圳、上海、北京等。

（2）在各省会以及一些中等发达城市。

（3）理由是中国人口主要集中在发达城市和省一级的城市，并且消费水平较高。

4. 广告策略

（1）广告媒介。主要采用：电视广告，即CCTV-1、CCTV-2、CCTV-6以及各省著名电视节目；报纸，即部分城市晚报等；杂志，即《读者》《青年文摘》等；车身广告，即所在城市中心的公交车，并且要求是高峰路线。

（2）选用这些媒介的原因。电视：电视节目在中国是观看人数最多的、最受欢迎的；报纸：报纸是除了电视接触消费者最多的广告媒介；车身：流动性强；杂志：能进行更全面的宣传。

5. 广告效果预测

（1）实现了宣扬高露洁公司的品牌形象，为高露洁牙膏的销售做宣传。

（2）使高露洁的品牌更响亮，使高露洁公司的销售额有一个飞跃。

（3）使高露洁牙膏在我国的霸主地位更加稳固。

（4）使高露洁牙膏得到了消费者的认可，并且被长期购买。

（5）得到了广告主的赞扬和肯定。

资料来源：根据百度文库资料改写。

问题：高露洁牙膏的这份广告策划书的战略选择是否科学？为什么？请你对高露洁牙膏广告战略与策略策划提出补充意见。

分析提示：高露洁牙膏的这份广告策划书的战略选择不够科学，表现在其广告创意不明确，即该广告要突出的亮点不明确。

广告战略上，应该明确广告创意，介绍广告宣传的意境设想、意境表述、意境风格和创意的独特之处；广告策略上，补充定位策略和诉求策略。

同步训练

一、单项选择题

1. 下列内容中，不属于环境调查内容的是（　　）。

   A. 社区　　B. 公众与团体

   C. 消费者　　D. 竞争对手

2. 营销目标要服从于（　　）。

   A. 销售目标　　B. 企业目标

   C. 广告目标　　D. 发展目标

3. 下列方法中，属于定性分析方法的是（　　）。

   A. 成本控制法　　B. 投入产出法

   C. 比较分析法　　D. 头脑风暴法

二、多项选择题

1. 广告调查中的实验法主要有（　　）。

   A. 产品实验　　B. 季节实验

   C. 销售对比实验　　D. 品牌实验

   E. 对象实验

2. 从信息个性看，广告信息的主题有（　　）。

   A. 性能　　B. 质量

   C. 价格　　D. 服务

   E. 时间与地点

3. 广告策略包括（　　）。

   A. 定位策略　　B. 诉求策略

   C. 成本策略　　D. 媒体策略

   E. 表现策略

4. 影响广告费分配的因素包括（　　）。

   A. 产品生命周期　　B. 利润率

   C. 销售量　　D. 市场范围

   E. 竞争与干扰

三、判断题

1. 广义的广告调查是指广告活动中收集、运用材料的行为。（　　）

2. 广告效果调查是指对某一产品或企业的广告活动的事后调查。（　　）

3. 通常，每个企业在不同时期的广告目标有所不同。 （ ）
4. 对企业而言，广告费越多越好。 （ ）

四、简答题

1. 广告调查问卷设计要注意哪些事项？
2. 广告主题的类型有哪些？
3. 简述广告策划书的内容与结构。

技能训练

实训项目 撰写广告策划方案

一、实训目标

通过撰写广告策划方案实训，能够熟悉广告调查内容；能够根据调查结果确定广告主题，明确广告的诉求点；能够结合行业、产品的特点确定广告展示的媒介，在此基础上进行广告费用的预算。根据以上内容完成广告策划书。

二、背景资料

江西省南昌市宏都商业公司和合肥荣事达集团有过多次经销合作活动，共同进行了洗衣机、太阳能等产品的市场开发活动。合肥荣事达集团经过科技开发研究，新推出了荣事达健洗宝洁身器——荣事达即热式智能马桶盖。为了推进此产品在南昌的市场推广活动，合肥荣事达集团决定在南昌进行新产品的广告宣传活动，因此委托你完成一份广告策划方案。任何一个广告活动，要想有效展开必须以调查为基础，然后进行相关内容的确定，这样所形成的广告策划书才具有可操作性和指导性。

三、实训要求

1. 编制广告调查表，开展广告调查，形成调查报告；

2. 明确广告策划方案的内容，完成合肥荣事达即热式智能马桶盖 JD01 在南昌的市场推广广告策划方案；

3. 各小组在本实训结束后，需要提交一份广告调查报告，还有一份在广告调查基础上形成的广告策划书。

四、实训步骤

1. 收集背景材料中荣事达健洗宝洁身器——荣事达即热式智能马桶盖的产品资料。

2. 编制该产品的广告调查表，主要从以下 12 个指标进行问题设定：

（1）整个产品市场的规模；
（2）各竞争品牌的销售量与销售额的比较分析；
（3）各竞争品牌市场占有率的比较分析；
（4）消费者年龄、性别、职业、学历、收入、家庭结构之分析；
（5）各竞争品牌产品优缺点的比较分析；
（6）各竞争品牌市场区域与产品定位的比较分析；
（7）各竞争品牌广告费用与广告表现的比较分析；
（8）各竞争品牌促销活动的比较分析；
（9）各竞争品牌活动的比较分析；
（10）各竞争品牌定价策略的比较分析；
（11）各竞争品牌销售渠道的比较分析；
（12）公司该产品损益分析。

3. 确定广告调查方法，展开广告调查活动。

4. 分析广告调查结果，形成广告调查报告。

5. 编制广告策划方案。

（1）荣事达健洗宝洁身器的市场环境分析。
（2）荣事达健洗宝洁身器的消费者分析。
（3）SWOT 分析。
（4）确定广告战略。
① 明确荣事达健洗宝洁身器广告策划的目标；
② 明确荣事达健洗宝洁身器广告策划的受众；
③ 确定广告诉求点。
（5）确定广告的表现策略，明确广告的创意文本。
（6）广告媒体策略。

① 结合产品特点和合肥荣事达健洗宝洁身器的目标消费者媒体接受惯性，以及媒体的市场区域来选择媒体；

② 进行媒体分析，确定广告推广的媒体组合。

（7）根据荣事达健洗宝洁身器南昌广告推广的广告预算，编制广告预算书。

（8）广告效果预测。

6. 撰写荣事达健洗宝洁身器南昌市场推广活动的广告策划书。

7. 团队项目实训小结分享。

团队实训内容

撰写广告策划方案实训小结分享 团队名称： （正文）
其他说明：

修改并完善以上内容后，以团队为单位，以组长为主发言人，其他人可补充，每组发言时间为 5~8 分钟。

教师总结点评，其他团队随机点评。

五、实训成果

1. 能够编制广告调查表，展开广告调查活动，形成广告调查报告；
2. 能够编制广告调查方案；
3. 能够撰写南昌市荣事达健洗宝洁身器市场推广的广告策划书。

能力测评

专业能力自评

	能/否	任务名称
通过学习本章，你		熟悉广告调查的内容，认知广告策划的基本理论、基本内容与要求
		基本掌握广告调查的主要方法、广告预算的编制方法
		结合企业及其产品或劳务的实际，开展广告调查，思考广告主题，参与广告策划，编写比较简单的广告策划书
		初步形成综合考虑广告调查、广告策划、广告主题和广告预算的广告职业习惯
通过学习本章，你还		

核心能力自评

	核心能力	是否提高
通过学习本章，你的	信息获取能力	
	书面表达能力	
	与人沟通能力	
	解决问题能力	
	团队合作精神	
通过学习本章，你认识到的商业文化与素养有	关注广告调查的习惯意识	
	理解广告目标与广告战略的能力	
	广告策划意识	
自评人（签名）：　年　月　日		教师（签名）：　年　月　日

注："是否提高"一栏可填写"明显提高""有所提高""没有提高"。

第3章 广告创意

【学习目标】

通过本章学习，应该达到以下目标：

● 知识目标：

学习和把握广告创意的含义、特征，熟悉广告创意所需要遵循的原则、广告创意过程的基本理论，掌握广告创意的内容、广告创意三个环节的要点及头脑风暴法、经典广告创意方法。

● 技能目标：

能运用广告创意的基本理论识别和分析具体广告案例，能在广告实务中综合运用创意思维方法，提出广告创意的构想。

● 素养目标：

养成良好的思维习惯，善于用水平思考法来思考问题；通过对创意方法的学习，培养创新意识。

【内容结构】

- 广告创意
  - 广告创意原理
    - 什么是广告创意
    - 广告创意的特征
    - 广告创意的原则
    - 广告创意的内容
  - 广告创意过程
    - 广告创意准备
    - 广告创意酝酿与构思
    - 广告创意表达
  - 广告创意方法
    - 头脑风暴法
    - 创意思维方法
    - 经典广告创意方法

引例 隔壁的家人公约

公益广告通常可以引起广泛的社会共鸣，在大众的认知层面起到潜移默化的影响；企业做公益广告，可以为自身的品牌形象带来更多的正面影响。

方太和慈善基金会、网易新闻联手打造的“隔壁的家人公约”社会公益广告活动就获得了非常大的反响。活动从一封展示在户外的书信《致老家的邻居》开始，这封书信的主题是为背井离乡出来奋斗打拼的异乡人发声，表达出在外生活的艰辛与不易，以及对家乡亲人的怀念和担忧。同时，也呼吁在同一城市的老乡能够互相帮助，发出了“隔壁的家人公约”活动的共创邀请，如图3-1所示。

图3-1　方太品牌公益广告“隔壁的家人公约”

这个公益广告不仅通过朋友圈、电视等媒体平台进行传播，也在各大地铁站、机场进行播放，成功渗透到了社会的各个层面，引发了广泛的共鸣，触达了社会的痛点。

在广告的第二阶段，方太以H5页面的形式推动“隔壁的家人公约”，人们可以登录特定的访问界面进行签名，同时也可以借此机会向自己的家乡社区写一封书信。

此次公益广告活动从情感层面上获得了非常好的响应，不仅是情感营销中的典型代表，在户外广告中也非常有代表性。一封在公共场合展示的巨大书信，一下子就可以让驻足的人感受到贴心的温暖，凭借情感共鸣的吸引力，也在深层次上产生影响，进一步促成了品牌的传播。

思考：

1. 案例中这一公益广告活动策划成功的原因有哪些？
2. 针对方太这一品牌，你能想到什么不同的广告创意方案？

3.1　广告创意原理

3.1.1　什么是广告创意

广告创意是广告活动中的一个重要环节，对于“打动大众，促进大众去购买”起着重要作用。广告大师大卫·奥格威说过：“如果广告活动不是由伟大的创意构成，那么它不过是二流品而已。”根据调查，电视台每天播出的广告节目中，一般公众每人只收看3%的广告，而收看后能留下一些印象的只占1%，能被正确理解的只有0.5%，能在24小时内被记住的仅占0.05%。可见，一则广告如果没有独具一格的构思，就会被多如牛毛的广告淹没，无法形成广告效果。

1.“创意”的来源

“创意”一词，在汉语中最早见于东汉王充的《论衡》，有“立义创意”之说，是指文章能有新的意义。在《现代汉语词典》（第6版）中，“创意”一词，既可指有创造性的想法、构思等，也可指提出有创造性的想法、构思等。

在英文里，“创造”“创作”和“创意”都可以是同一个词：create。根据韦氏大辞典的解释，create的意思是“赋予存在”（to bring into existence），具有“无中生有”“原创”的意思。引申而言，创意是介于策划与表现制作之间的艺术构思活动。

关于创意的词汇还有 idea，其英文原意为思想、意见、想象、观念等。idea 直接催生了近年来广告界流行的提法 big idea，中文译为“大创意”或“好的创意”。

2. 广告创意

广告创意

广告创意是表现广告主题的艺术构想。广告创意有广义和狭义之分。广义的广告创意，指的是广告活动中创造性的思维，只要涉及创造性的内容，从战略、形象到战术以及媒介的选择等，都属于广告创意。狭义的广告创意，则偏指广告作品的创意性思维。就是通过大胆、新奇的手法来制造与众不同的视听效果，最大限度地吸引消费者，从而达到品牌传播与产品营销的目的。如某足球品牌为迎接德国世界杯而设计的巨幅广告牌（见图 3–2），形如巨型拱桥，此奇思妙想非常引人注目。

图 3–2　世界杯巨幅广告牌

3. 广告创意的实质

英国约翰逊博士的名言“承诺，大大的承诺，是广告的灵魂”揭示了广告创意的实质。如某地产公司广告“这个城市不是我们的故乡，却有我们的主场”，以获得人生事业的参赛优势的承诺，直击心怀大城市梦想的外乡年轻人的心灵。创意真正的实质就是承诺，越是真诚、绝妙的承诺，其回报越高。如 IBM 公司曾使用广告口号“IBM 就是服务”，将服务承诺和公司形象等同起来，增强消费者对其服务品质的信任。

3.1.2　广告创意的特征

广告创意既不同于广告策划，又不同于广告制作，它是通过艺术手段的特殊处理，将广告主题淋漓尽致地表现出来，从而使企业形象、产品形象在广大消费者心目中更加鲜明、亲切、可信。因此，广告创意应具备以下几个特征：

1. 新颖独特

广告大师威廉·伯恩巴克说："我认为广告上最重要的东西就是独创性（original）与新奇性（fresh）。"广告创意要以新颖独特为生命，模仿他人的意境，抄搬别人的语言，就没有多少价值。广告只有标新立异，才能吸引大众的注意力，给消费者留下深刻的印象。因此，广告必须推陈出新，针对人们的逆反心理、好奇心理等常见心理，刻意求新，力求不落俗套。

2. 意象交融

"意"是广告人的用意、意图、想法、观念等，可是这些东西要是赤裸裸地直接表达出来，那不是好的广告，更不是好的创意。好的创意广告应将"意"与"象"交融互渗、合为一体。"象"，即形象，用形象来体现意图。如某胶带广告意图凸显强力的黏合性能，但如何将这种意图用视觉呈现出来，却不容易。如图 3-3 所示，仅四个角贴上胶带就能固定巨型广告牌，这种形象的表现方式比千言万语的论述更有效。

图 3-3　胶带广告

3. 引人入胜

引人入胜是指广告创意具有吸引力，要引起消费者的兴趣，吸引消费者的注意。注意是人的心理活动对外界一定事物的指向与集中。广告只有先引人注意才有可能诱发消费者购买的欲望。所以具有吸引力、引起消费者注意是广告创意成功的基础。为了使广告创意能引起广大消费者的注意，而且要自然而然地产生这种注意，国外广告工作者的经验是：要抓住大众的眼睛和耳朵。奥迪 Q5 汽车广告"纸盒篇"（见图 3-4），由一个动画小人一步步将一个纸盒变为汽车，构思精巧，和一部优质的动画短片一样富有强烈的吸引力。

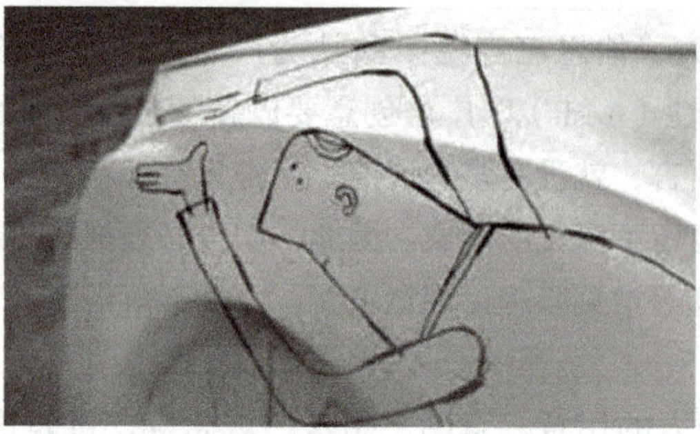

图3-4 奥迪Q5广告“纸盒篇”

3.1.3 广告创意的原则

广告创意是戴着枷锁跳舞，必须遵循一定的原则。在原则的规范和指导下，它才会成为吸引力、想象力和影响力的发生器。

1. 实效原则

广告是具有功利性的经济行为，其最终目的是引起人们对产品或服务的注意，促进销售，树立形象，而不仅仅是供人欣赏、消遣或收藏。因此，好的广告创意，必须能促进销售，给广告主带来利益，否则将一文不值。

2. 关注原则

361度运动品牌平面广告

广告要产生作用，首先必须吸引消费者的注意力，否则就是一则失败的广告。因此，广告创意必须吸引消费者注意力，让其关注广告内容。伟嘉猫粮广告以一句“我不是人”开场，立刻吸引了消费者的关注。读罢广告全文，才知道原来广告是模拟猫咪的口吻来写的，猫咪当然不是人，不禁莞尔。

3. 通俗原则

广告创意并非一味追求天马行空，而应首先易于被消费者理解。再好的创意，如果消费者不能理解，也将成为天方夜谭。广告创意要遵循通俗的原则，必须充分把握消费者的知识水平、文化习惯、经验背景等因素。如合肥某楼盘，打出“你幸福吗？莫言不知道！”的广告，让人摸不着头脑。虽然策划人员表示这则广告利用了著名作家莫言获得诺贝尔文学奖后接受央视采访的典故，但很显然这样的创意已经超出了普通消费者的知识范畴。

4. 简洁原则

广告创意必须简单明了、切中主题。广告大师伯恩巴克认为：“杰出的广告既不是夸大，也不是虚饰，而是要竭尽你的智慧使广告信息单纯化、清晰化、戏剧化。”当前国际流行的创意风格越来越简单、明快，广告创意必须能一语中的，集中信息，以使人过目不忘、印象深刻。如比利时有线运营商Telenet推出的广告，一句“让你的线上游戏更流畅”（For faster online gaming）

简单而让人印象深刻。如图 3-5 所示。

图 3-5　Telenet有线运营商广告

5. 合规原则

广告创意必须符合广告法规，具有社会责任感。只有自觉接受广告法规、社会伦理、宗教信仰、民族文化及风俗习惯的约束，才能达到正面的、被社会大众认可的传播效果。

3.1.4　广告创意的内容

广告创意是广告活动的重要环节。不同类型的广告，对广告创意的要求也各不相同。但不论何种广告，其创意都包括以下三个方面的内容：

1. 广告信息的构想

任何广告都首先是一种信息，作为广告内容的信息包括对企业、产品或商务的介绍、观念的宣传及对消费者利益的承诺等。广告创意首先要针对信息进行，其内容有：

（1）信息目标选择。沟通消费者的信息目标有多种，如心理反应目标、行为引发目标、传播效果目标、企业形象目标、市场营销配合目标及社会公益维护目标等。但是，对于某一个广告创意而言，只能选定某一个或少数几个信息目标，因此必须对上述目标逐一进行思考。对于处于生命周期不同阶段的产品或服务，其信息目标选择应有所区分。

（2）信息主题定位。广告创意要在市场调查的基础上，提炼出一个凝聚性的核心意义，并用最简洁的形式表达，从而形成科学的信息主题定位。定位表述在字面意义上要符合产品特点和消费者需求特性，在深层意义上应体现为利益的承诺。例如，飞利浦公司的广告信息主题定位于“让我们做得更好”，无疑是一种良好的利益承诺。飞利浦家电广告如图 3-6 所示。

图 3-6　飞利浦家电广告

（3）媒体适应技巧。信息是由媒体负载的，广告媒体确定之后，信息策划必须考虑如何适应媒体特性的问题。只有信息主题与媒体搭配科学化，才能提高信息传播的效果。例如，服装广告因为要突出色泽与款式，通常利用模特展示在电视、杂志等媒体上，但在报纸媒体上展示则不太适合。

案例
江中牌健胃消食片品牌定位战略

（4）信息传播策略。为了让广告受众更好地理解和接受广告信息，求得更好的传播效果，必须考虑策略问题。根据目标市场的态势，一般可选用理智性策略或情感性策略，也可二者结合使用。如果从接受效果考察，则通常还要考虑集中传播或分散传播。

2. 要素组合的构想

广告创意的重要内容就是通过对原有市场要素的重新组合，对市场要素之间的关系拓展进行构思。从要素组合看，广告创意的内容包括：

（1）调查并了解与宣传对象的销售有关的全部要素，如需求状况、需求偏好、消费习惯、购买时机、品牌形象、竞争产品等。

（2）了解各种要素之间的相互关系，把握其发展变化的规律。

（3）发现知识结点，包括系列知识联系点、事实类比相似点、关系推衍法则适用点。

（4）构思对旧要素进行重新组合和新要素推广的方案。

例如，澳大利亚一家航空公司想推出一则广告吸引顾客，构思时发现了一对矛盾：旅游者热衷于晴天乘飞机旅游；旅游者担心中途下雨会大煞风景而很少乘机旅游。也就是说，“下雨”和“旅游”是两个相抵触的事件。创意者把这两个相抵触的事件（或者说旅游者心理相抵触的两种想法）放在一起，形成了“下雨旅游”的新组合，乍看这是违反常理、不合常情的荒唐组合，但是创意者对这个此前从未考虑过的新组合反复思索：能不能让人下雨也去乘机旅游呢？也许用免费优待的方式可以吸引顾客？就这样，一个新的创意出现了：天晴不用说可以尽情游玩，下雨也不要紧，不收费，顾客也没有什么损失，因此，无论天晴还是下雨你都放心地乘机旅游去吧！这个新创意浓缩为六个字：“下雨，免费旅游。”为了避免公司因免费过多而遭受损失，另外在广告里附加了一条内容：下雨时间必须在连续三天以上，意即下雨时间不满三天，旅游者不能享受免费优待。而这一规定却远不如大标题那样醒目，往往被顾客忽略。人们心目中最深的印象只有一个：下雨旅游时乘飞机可以不花钱。这一广告创意，使该公司每年营业额增加30%，且数年兴旺不衰。

3. 广告创作的构想

所有的广告活动，最终都必须落实到广告作品上。广告作品的创作必须考虑主题、表现方式、形象塑造、情感效应这几个基本方面，因此，广告创意作为广告创作的中心环节，其内容也是由这几个方面所决定的。

（1）题材选择和主题构想。题材选择和主题构想是广告创作的关键，不切题或者题材选择错误是大忌。例如，清扬洗发水选择商品性格为题材，构想了“男士专用洗发水”这一主题；美菱冰箱则选择了商品功能为广告创意题材，构想了“保鲜”这一新主题。美菱冰箱广告见图3-7。

图3-7　美菱冰箱广告

（2）表现方式构想。表现方式的科学与否直接关系到广告效果。例如，梅兰芳到上海首演，剧院招徕观众的广告创意构想了制造悬念的表现方式，连续在各大报刊发“梅兰芳”三个字的广告，却不加任何解释，制造了“梅兰芳

福特福克斯汽车

何许人”“梅兰芳怎么样”等悬念。上海一家公司在房产经营广告创意时也构想了制造悬念的表现方式，在《文汇报》上整版刊出一个特大的孤零零的问号，引起读者遐想。

（3）广告形象构想。广告形象是否贴切同样影响广告效果。美国一则戒烟广告创意形象构想是从电视采访中截取一个片段，该片段的视觉形象是好莱坞某电影明星因吸烟患肺癌在床上临死时的形象，其声音形象则是他 53 年来第一次反对吸烟的遗言，给人留下深刻印象。

（4）广告情感效应构想。广告情感效应是赢得认可，构成长期效应的因素。例如，雕牌洗衣粉的广告长期以来一直主打情感牌，如“中秋篇”里，独在异乡工作的女儿回到住处，惊喜地发现父亲在做红烧肉，妈妈在洗衣服。女儿热泪盈眶，爸爸腼腆地说：“你妈非要来……”场面非常温馨，唤起了人们对亲情的认同感，增强了父母与子女之间的联系。

同步案例3-1

百事可乐的广告创意策略

背景资料：

百事可乐作为世界饮料业两大巨头之一，100多年来与可口可乐上演了一场蔚为大观的“两乐之战”。两乐之战的前期，即20世纪80年代之前，百事可乐一直惨淡经营，由于其竞争手法不够高明，尤其是广告竞争不得力，被可口可乐远远甩在后面。然而经历了无数交锋之后，百事可乐终于明确了自己的定位，以“新生代的可乐”形象，从年轻人身上赢得了广大的市场。

百事可乐摒弃可口可乐不分男女老少“全面覆盖”的广告战略，极具洞察力地抓住“代沟”，从年轻人入手，建立“新生代选择”这一概念，对可口可乐实施了侧翼攻击，堪称“伟大的创意”。

“新生代选择”这一概念，发轫于1961年，成熟于1964年。可惜的是，百事可乐的决策者于1965年换马，致使这一伟大的创意搁浅。直至1970年约翰·司库里任营销主任时，才重新举起“新生代选择”这面旗帜。在传播“新生代选择”这一概念时，百事可乐使出了两记撒手锏：

其一，抓住新生代崇拜影视偶像心理特征，以巨资聘请球星和流行音乐巨星作广告代言人。其二，以充满火药味的比较广告，紧紧咬住对手不放。比较的主题，即可口可乐是“老迈、落伍、过时的象征”，而百事可乐则是“年轻、活泼、时代的象征”。百事可乐以极富想象的广告，针对战后高峰期出生的美国青年要以独树一帜的消费方式、独特的消费品鲜明地和老一代划清界限的叛逆心理，提出新一代的消费品位及生活方式。结果使百事可乐的销量扶摇直上。在与老对手可口可乐的交锋中，百事可乐常常有好戏出台，使可口可乐倍感压力。其中，百事可乐运用的独具特色的名人广告，是为它赢得市场的一个重要法宝。如图3-8所示。

图3-8　百事可乐“角斗士”广告海报

百事可乐作为挑战者，没有模拟可口可乐的广告策略，而是勇于创新，通过广告创意树立了一个“后来者居上”的形象，并把品牌蕴含的那种积极向上、时尚进取、机智幽默和不懈追求美好生活的新一代精神发扬到百事可乐所在的每一个角落。百事可乐是受人尊崇的，百事可乐的广告创意策略也是值得推崇的。

问题：百事可乐为了与可口可乐竞争，采用了什么广告创意策略？

分析提示：百事可乐的广告创意策略，建立在对自身产品高度认知的基础上，通过寻找空隙，敏锐地抓住年轻人这一消费群体。其推出的广告既时尚，充满活力，又富于想象力，视觉冲击力十足。

3.2　广告创意过程

3.2.1　广告创意准备

广告创意作为一种创造性思维，要想用一种模式来描述其过程并不容易。诚如广告怪杰乔治·路易斯所说：“广告没有一成不变的法则，它需要灵活的思考。”但前人总结的某些经验在实践中依然具有重要的借鉴意义。不同的广告专家就创意的过程提出了多种观点，其中最主要的如表3-1所示。

表3-1 几种创意过程论

约瑟夫·华莱士（四阶段论）	詹姆斯·韦伯·扬（五阶段论）	奥斯本（六阶段论）	斯特宾斯（七阶段论）
准备期 沉思期 启迪期 求证期	收集资料 咀嚼资料 消化资料 创意诞生 完善并实施	定向期 准备期 分析期 沉思期 结合期 评估期	导向阶段 准备阶段 分析阶段 假说阶段 孵化阶段 综合阶段 决策阶段

尽管表述各异，但对创意过程的解析思路基本一致。在这些观点的基础上，我们将广告创意的过程分解为创意准备、创意酝酿与构思、创意表达三个环节。

在创意准备环节，需要大量地收集资料。广告创意建立在广泛占有资料、充分把握相关信息的基础上。按照詹姆斯·韦伯·扬的观点，创意需要收集的资料有两类：一是特定资料；二是一般资料。

1. 特定资料

特定资料即指那些与产品或企业有关的资料，包括以下内容：

（1）产品的主销对象（目标消费群）。即产品主要卖给谁，广告又传递给谁，这些人的年龄、性别、文化层次、职业及购买方式有什么特点。

（2）产品的个性内涵。包括产品的档次、所用的原料、所含的成分、产地、用途、外观造型、色彩、包装、商标图案、产品知名度、新产品及历史上是否获得荣誉等。

（3）产品的文化意味。即产品能够为人们精神生活带来的利益。有的产品精神价值较为容易找到，如电视机给人们带来可视的信息。有的却未必好找，那就要挖掘它们所具有的精神附加值。如中华牙膏这样的老牌子就要强化它所携带的怀旧感："五十年风尘岁月，中华在我心中。"

2. 一般资料

一般资料即指宏观经济、目标市场及社会环境的一切要素。包括宏观经济的走势、购买能力的增减、目标市场的分割状况，以及即将进入或准备扩大的市场位置、容量与市场潜力，本产品可以占据的份额。此外，还应包括相关的自然环境、国际环境、企业环境、文化环境及政治环境等各种资料。

这些资料需要运用多种手段去获得。有的需进行市场调查，获取一手资料；有的则可以利用二手资料。还有一些资料则需要创意者亲自访问来体验。

3.2.2　广告创意酝酿与构思

对创意准备环节收集的资料，要进行整理、归纳和分析，并根据广告目标，列出广告宣传品与竞争品的共性、优势或局限。通过比较分析，找出竞争优势及其给消费者带来的利益点，以寻求广告创意的突破口。

爱华仕箱包广告——诉求点

1. 诉求点寻找

诉求点即广告主对消费者所作的一系列承诺。承诺的确定取决于产品本身的特性、目标消费群的状况、目标市场的环境等。其中，产品本身的特性具有核心地位，如同奥格威所说：“真正决定消费者购买或不购买的是你的广告内容，而不是它的形式。你最重要的工作是决定你怎样来说明产品，你承诺些什么好处。”

2. 定位点选择

定位点是诉求点选择的结果，主要诉求点选择的过程就是定位点的确立过程。由于现实业务中的广告诉求点可能很多，任何一则广告既不必要也不可能包容所有诉求点，而必须突出重点，这就必须选择定位点。通常情况下，选择定位点有如下几个方向：

（1）情感亲善方向。营造温馨的生活氛围、友善的人际关系，渲染情感主题。

飞雕开关形象广告

（2）古典怀旧方向。展现过去的某种生活风情，引导公众回忆往昔情怀。

（3）浪漫憧憬方向。营造美好生活情景，给公众提供一个近乎梦幻的空间，引导产生无限遐想。

（4）实用信息方向。向公众传播关于产品性能、原料特性、技术成就、形象特色等实体信息，或者介绍各种促销活动、服务活动的程序性信息。

3. 主题构思

经过长期思考酝酿后，一旦得到外在的刺激或触动，就可能灵感忽现，创意跃然纸上。实际上，创意的形成即意味着主题构思的完成。所谓主题构思，就是以广告宣传的定位为基准，明确广告作品和宣传活动的中心思想、主题基调、核心内容的思维过程。具体表现为依托广告定位，分析产品特性、市场具体情况、消费心理、宏观的政治与法律环境以及社会民俗风尚等因素，确定其要素组合方式，从而获得十分合适而有效的广告表现思路。在这个过程中，广告创意人员要善于向文学艺术作品的创作取经，提高广告的艺术表现力，这样才能提高主题构思的水平，使广告宣传作品既有明确单一的主题思想，又有内涵丰富、吸引力强、感化性明显的美好梦想，从而赢得公众的注意，有效地影响公众的消费心理。

例如，国际奥委会公益广告，将奥运五环形象化为五个代表各大洲的肤色各异的卡通小人，他们共同使劲，通过绳索将脚下的陆地聚集在一起，将奥林匹克所倡导的团结大家庭的精神诠释得淋漓尽致。

3.2.3 广告创意表达

广告创意的主题构思往往与创意表达的形式化过程联系在一起，因为创意的实现必须经过形式化阶段。即创意要通过文本才能得到表现，要通过视觉化才能得到强化，要通过大众媒介才能传达给目标对象。

1. 文本化

创意通过语言才能得以表达。文本化是创意变成广告的必经途径，而且表达过程是创意不可或缺的组成部分。

广告文本的创意非常复杂，但究其要点，一是要拟定别具一格的标题。有研究表明，大概 50% 的人看广告只读标题。有时广告还需要副标题，副标题的作用是进一步引起读者的注意，让他有读下去的兴趣。在开始写标题和副标题之前，要根据创意想一想在完成后的大概样子，确定一下广告的基调和风格，考虑一下需要写长文案还是短文案，采取哪种文体，使用何种文风。二是要合理安排广告正文。如果正文没有力量，标题就是空中楼阁，成为一个空洞的噱头。许多广告的大标题和正文缺乏紧密联系，标题只起到了吸引注意力的作用，正文缺乏诉求，广告信息就会显得苍白无力。要克服这个毛病，就要牢记创意是核心，而创意并不是要噱头。创意一定要使潜在消费者意识到他们会从广告产品中得到利益，或者产品可以帮助他们解决问题。

伊利优酸乳系列广告

2. 视觉化

视觉化，是指创意不仅通过语言文字，而且通过直观画面传达出来，给目标受众以有力的心理冲击。广告创意的视觉化既是广告表达的重要内容，也是广告艺术化的客观要求，往往涉及构图、布局、图案、色彩等一系列的技术问题，特别是要注意文字和视觉性元素的配合。广告常常需要插图或影像，这样就需要美工和艺术指导的配合，他们会用视觉性元素配合广告的文字。创意总监会把握文字和视觉性元素的协同工作。近年来，伴随着多媒体技术的发展，我国广告的视觉化水平得到了较大的提升。例如，农夫山泉与故宫文化服务中心联合推出的农夫山泉故宫瓶把传统文化的视觉元素和轻松的广告文案结合起来，同时还升华了广告主题，传达了“为国泰民安，愿星夜驰骋”的美好诉求，赋予了瓶装水更丰富的文化内涵，深受年轻受众欢迎。其广告海报如图 3-9 所示。

图3-9　农夫山泉广告海报

文化素养3-1

罗杰·冯·奥克的四步创意模式

1986年罗杰·冯·奥克提出的四步创意模式，如今为许多跻身世界100强的广告公司所采用。按照该模式，广告创意人员在创意过程中的不同阶段扮演着不同的角色：探险家（explorer）、艺术家（artist）、法官（judge）和战士（warrior）。

第一阶段，探险家。寻找新的信息，关注异常模式。任何伟大的创意都不是凭空产生的。创意人员需要构思创意的素材：事实、经验、史料、常识、感觉等。而这些信息无处不在，商品、消费者、竞争对手的广告、有关广告的书籍、商业杂志，甚至一些看似不相关的信息如一家咖啡店、一座建筑、一家商店、一个人等都可能激发创意人员的灵感，带来意想不到的收获。创意人员需要开阔视野，摆脱自己专业领域的限制，留意其他领域新的发现，综观全局，才更容易发掘独特的构思与创意。

第二阶段，艺术家。试验并实施各种方法，寻找独特创意并予以实施。在整个创意过程中，扮演这个角色最艰苦、时间最长，但也最有收获。艺术家必须完成两项重要任务：寻找大创意、实现大创意。所谓“大创意”（big idea），是建立在战略之上的大胆而又富于首创精神的创意，以一种别开生面的方式将产品利益与消费者的欲望结合起来，为广告表现对象注入生命活力，使受众情不自禁地感兴趣。创意人员一旦抓住了大创意，下一步就是如何去实现这个大创意，即如何通过文字、图像、音响等符号将信息塑造成完整的传播形态，以打动受众的心灵与感情。这些符号的安排不仅要传播信息，还要营造某种氛围，激起人们对于产品的好感。

第三阶段，法官。评估实验战果，判断哪种方法最有效。在这个环节，创意人员要判断创意是否可行，决定是否完成、修改或放弃大创意。此时，创意人员要做到两点：第一，为值得的大创意拼搏；第二，避免扼杀艺术家的想象。在进行创意评估时，要回答以下问题：这个创意确实不错，还是凑合（其中我的第一反应是什么）？这个创意哪点对（或哪点不对）？如果不成功又会怎样（是否值得去冒这个险）？我的偏见是什么（受众是否有同样的偏见）？什么阻碍我的思维（或我是否一叶障目）？

第四阶段，战士。克服一切干扰、艰难、险阻和障碍，直至实现创意概念。在创意的最后阶段，要使创意得到认可，制作并最终在媒体上发布，创意人员需要同公司内部的其他人员、客户等进行一系列的“战斗”。对内，通过完整的信息战略文本，努力推销自己构思所包含的文案、艺术和制作成分并做出合理的解释，以说服公司的客户服务小组；对外，协助客户服务小组向客户陈述广告创意，以获得客户认同。这些工作完成后，战士又进入广告设计与制作环节，再次成为艺术家，努力实现预算内尽可能好的广告作品。

问题：四步创意模式与其他广告创意的观点有何区别？

分析提示：一般广告创意的观点主要就创意的产生过程来分析，是直线式的；而四步创意模式则是从创意的主体出发，对主体的角色和功能进行分析，是螺旋式的，虽曰“四步”，但其中的一些步骤在一个创意过程中是需要多次经历的。

3.3 广告创意方法

3.3.1 头脑风暴法

现代广告的日新月异，使广告创意的方法得以不断发展，别具特色的广告创意方法大大丰富了现代广告的文化内涵。广告创意的方法不胜枚举，特点也各异。当今广告公司最常用的是头脑风暴法。

头脑风暴法

1. 头脑风暴法的来源

头脑风暴法（Brain Storming）简称BS法，又叫脑力激荡法，1939年由被誉为“创造工程之父”的美国BBDO广告公司经理亚历克斯·奥斯本发明。它是一种激发集体智慧来提出创新思维的思考方法，是世界上最早用于实践的创造技法。亚历克斯·奥斯本发现传统的商业会议制约了新观点的产生，提出了把自由赋予人们思想和行动，帮助激发新观点产生的规则，逐渐变成“头脑风暴”而闻名于世。

在广告创作实践中，头脑风暴法可以在较短的时间内开发人的创造潜力，产生创意设想。该方法大多采用特殊的会议形式，组织一批专家及创意人员对广告主题进行会商，与会人员互相启发、相互鼓励，从而引发创造性设想的连锁反应，形成众多创意，并从中选优。

2. 头脑风暴法的程序

头脑风暴会议组织起来较为简单。不善讨论的主题是什么，头脑风暴会议都需经过以下程序：

（1）确定议题。必须在会前确定一个讨论主题，使与会者明确通过这次会议需要解决什么问题，同时不要限制可能的解决方案的范围。一般而言，比较具体的议题能使与会者较快地产生设想，主持人也较容易掌握；比较抽象和宏观的议题引发设想的时间较长，但设想的创造性也可能较强。

（2）会前准备。为了使头脑风暴畅谈会的效率较高、效果较好，应在会前做一点准备工作。如收集一些资料预先给大家参考，以便与会者了解与议题有关的背景材料和外界动态。就参与者而言，在开会之前，对于要解决的问题一定要有所了解。会场可作适当布置，座位排成圆环形的环境往往比教室式的环境更为有利。此外，在头脑风暴会正式开始前还可以出一些创造力测验题供大家思考，以便活跃气氛，促进思维。

（3）确定人选。一般以8~12人为宜，也可略有增减（5~15人）。与会者人数太少不利于交流信息，激发思维；而人数太多则不容易掌握，并且每个人发言的机会相对减少，也会影响会场气氛。只有在特殊情况下，与会者的人数可不受上述限制。

（4）明确分工。要确定一名主持人，1~2名记录员（秘书）。主持人的作用是在头脑风暴畅谈会开始时重申讨论的议题和纪律，在会议进程中启发引导，掌握进程。如通报会议进展情况、归纳某些发言的核心内容、提出自己的设想、活跃会场气氛，或者让大家静下来认真思索片刻后再组织下一个发言高潮等。记录员应将与会者的所有设想都及时编号，简要记录，最好写在黑板上或用投影展示出来，让与会者能够看清楚。记录员也应随时提出自己的设想，切忌持旁观态度。

（5）规定纪律。根据头脑风暴法的原则，可规定几条纪律，要求与会者遵守。如要集中注意力积极投入，不消极旁观；不要私下议论，以免影响他人的思考；发言要针对目标，开门见山，不要客套，也不必做过多的解释；与会者之间相互尊重，平等相待，切忌相互褒贬等等。

（6）掌握时间。会议时间由主持人掌握，不宜在会前敲定。一般来说，以几十分钟为宜。时间太短，与会者难以畅所欲言，太长则容易产生疲劳感，影响会议效果。经验表明，创造性较强的设想一般要在会议开始 10~15 分钟后逐渐产生。美国创造学家帕内斯指出，会议时间最好安排在 30~45 分钟。倘若需要更长时间，就应把议题分解成几个小问题分别进行专题讨论。

3. 头脑风暴法成功的要素

要想使头脑风暴法达到预期的效果，需要注意以下几点：

（1）自由畅谈。参加者不应该受任何条条框框的限制，放松思想，让思维自由驰骋。从不同角度、不同层次、不同方位，大胆地展开想象，尽可能地标新立异、与众不同，提出独创性的想法。

（2）延迟评判。必须坚持当场不对任何设想作出评价的原则。既不能肯定某个设想，又不能否定某个设想，也不能对某个设想发表评论性的意见。一切评价和判断都要延迟到会议结束以后才能进行。这样做一方面是为了防止评判约束与会者的积极思维，破坏自由畅谈的有利气氛；另一方面是为了集中精力先开发设想，避免把应该在后阶段做的工作提前进行，影响创造性设想的大量产生。

（3）禁止批评。绝对禁止批评是头脑风暴法应该遵循的一个重要原则。参加头脑风暴会议的每个人，都不得对别人的设想提出批评意见，因为批评对创造性思维无疑会产生抑制作用。同时，发言人的自我批评也在禁止之列。有些人习惯于用一些自谦之词，这些自我批评性质的说法同样会破坏会场气氛，影响自由畅想。

（4）追求数量。头脑风暴会议的目标是获得尽可能多的设想，追求数量是它的首要任务。参加会议的每个人都要抓紧时间多思考、多提设想。至于设想的质量问题，可以留到会后的设想处理阶段去解决。在某种意义上，设想的质量和数量密切相关。产生的设想越多，其中的创造性设想就可能越多。

3.3.2 创意思维方法

虽然广告创意的方法多种多样，但是人人都有过创意枯竭的经历，原因很多，如信息超载、精神疲惫、身体疲劳、紧张、缺乏安全感，但最根本的问题还是出现在思维方法上。最常用的思维方法是垂直思考法和水平思考法。

1. 垂直思考法

垂直思考法又称纵向思考法，是按照一定的思维路线，在一个固定的范围内，向上或向下进行纵向思考，是用现有的知识、经验、观念，从问题的正面角度垂直切入，以进行分析研究的一种思考方法。

例如，澳柯玛冰箱系列创意广告之保鲜篇是这样进行创业设计的："新鲜是什么？答案是天然，原汁原味；天然和原汁原味想到什么？答案是鲜活力；鲜活力想到什么？答案是活蹦乱跳；活蹦乱跳想到什么？答案是有弹性；有弹性又想到什么？答案是'弹簧'。"该广告沿着一条直线进行思考，层层递进、环环相扣，将抽象的"新鲜"这一概念转化成了形象的弹簧，从而在视觉上对消费者产生了冲击，增强了广告的效果。

2. 水平思考法

水平思考法又称横向思考法，是横向的、朝着多个方向发展的、不连续的思考方法。这种方法尽量摆脱既存观念，从另一个角度对某一对象进行重新思考。

水平思考法

如何运用水平思考法？可以思考这样一个问题：

某工厂的办公楼原是一栋2层楼建筑，占地面积很大。为了有效利用地皮，工厂新建了一栋12层的办公大楼，并准备拆掉旧办公楼。员工搬进了新办公大楼不久，便开始抱怨大楼的电梯不够快、不够多。尤其是在上下班高峰期，他们得花很长时间等电梯。顾问想出了几个解决方案：

（1）在上下班高峰期，让一部分电梯只在奇数楼层停，另一部分只在偶数楼层停，从而减少那些为了上下一层楼而搭电梯的人。

（2）安装几部室外电梯。

（3）把公司各部门上下班的时间错开，从而避免高峰期拥挤的情况。

（4）在所有电梯旁边的墙面上安装镜子。

（5）搬回旧办公楼。

你会选哪一个方案？

如果选了（1）、（2）、（3）、（5），那么使用的是垂直思维，也就是传统思维。如果选了（4），就是个水平思维者，考虑问题时能跳出思维惯性。这家工厂最后采用了方案（4），并成功地解决了问题。"员工忙着在镜子前审视自己，或是偷偷观察别人，人们的注意力不再集中于等待电梯上，焦急的心情得到放松。大楼并不缺电梯，而是人们缺乏耐心。"

水平思考法在广告创意中运用，往往能产生极佳的效果。如菲律宾国家旅游公司的广告，一反常规，不谈菲律宾旅游的各种诱人的好处，反而大谈菲律宾旅游所面临的十大危险，利用"正话反说"，淋漓尽致地展现了作为旅游胜地的吸引力。

3. 垂直思考法与水平思考法的区别

垂直思考法与水平思考法存在的区别如表 3–2 所示。

表 3–2　垂直思考法与水平思考法的区别

垂直思考法	水平思考法
（1）选择性的	（1）生生不息的
（2）在假定有一个方向时思考才会移动	（2）在没有任何方向时思考移动，以求找到方向
（3）是分析性的	（3）是激发性的
（4）按部就班的	（4）可以跳来跳去的
（5）每一步都必须正确	（5）不必考虑这一问题
（6）为了需要封闭某些途径时要使用否定	（6）没有否定
（7）要集中排除不相关者	（7）欢迎不相关者闯入
（8）遵守最可能的途径	（8）探索最不可能的途径
（9）类别、分类法和名称都是固定的	（9）不必固定
（10）是无限的过程	（10）是必然性的过程

应当说，水平思考法是广告人进行创意的主要思维方法，但水平思考法并不排斥垂直思考法。即使通过水平思考法获得了某种满意的新构思，要使之深入、具体，还是要运用垂直思考法，以求对问题做更加深入的剖析与表达。

例如，一则警惕酒驾的公益广告，如图 3–10 所示，它没有正面渲染酒驾的危险，画面上整洁干净的公路表面看上去风平浪静，但是仔细观察才会发现躲在镜子后面的死神正拿着锄头等待猎物。阴沉的天空渲染出一种阴森、压抑的氛围，而广告中的镜子很生动地表现出了醉酒后的视力状态。没有任何解释和赘述，整个广告达到一种“此时无声胜有声”的意境。

图 3–10　警惕酒驾的公益广告

3.3.3　经典广告创意方法

在现当代广告实践中，一些成功的广告大师提出了不少独具特色的创意方法。其中最负盛名的广告大师是被称为“广告创意三剑客”的李奥·贝纳、大卫·奥格威、威廉·伯恩巴克。他们的创意方法通过广告公司的运营得到了验证，是值得借鉴的经典方法。

1. 李奥·贝纳的固有刺激法

李奥·贝纳（Leo Burnett，1892—1971）在美国密歇根州的一个小镇长大，早年在芝加哥的欧文广告公司任职。1935 年，他创办了以自己姓名注册的广告公司。后来，他又创办了芝加哥广告学校。当他去世时，李奥·贝纳广告公司已经是当时世界上最大的广告公司了。

李奥·贝纳认为，成功广告的创意秘诀在于发掘并利用产品本身内在的固有刺激，他把这种刺激称为“内在的戏剧性”。为了发掘这种固有刺激，首先要找到生产和消费的原因；其次便是依据产品与消费的互动作用进行创意，设计令人信服的广告。

固有刺激法认为，一般情况下，根据产品和消费者的情况，一个产品或服务，只有一个字能够表示它，只有一个动词可以使它动，只有一个形容词可以准确描述它。对于创意人员来说，一定要找到那个名词、那个动词以及那个形容词。而以下三种做法则是不可取的：用许多不证自明的事实来无趣味地自吹自擂；用明显的夸大之辞构成夸张的狂想曲；炫耀才华，舞文弄墨。

李奥·贝纳和他的公司根据固有刺激法，创作了许多著名的广告，造就了许多著名的品牌，如“绿色青豆巨人”（其广告见图 3-11）“炸面包人皮尔斯伯里”“金枪鱼查理”以及凯洛格食品公司的“老虎托尼”等。

图 3-11　“绿色青豆巨人”广告

以“绿色青豆巨人”这则广告为例，这是李奥·贝纳为绿巨人公司创作的。当时，该公司的名称还叫明尼苏达流域罐头公司。广告的标题是：月光下的收成。文案是：“无论日间或夜晚，青豆巨人的豌豆都在转瞬间选妥，风味绝佳……从产地到装罐不超过三个小时。”李奥·贝纳解释道，如果用新罐装作标题是非常容易说的，但是“月光下的收成”则兼具新鲜的价值和浪漫的气氛，并包含着特别的关切。“月光下的收成”，这在罐装豌豆的广告中的确是难得一见的妙语。

2. 大卫·奥格威的品牌形象法

大卫·奥格威（David Ogilvy，1911—1999）出生于英国苏格兰，曾当过厨师、厨具推销员、市场调查员、农夫及英国情报局职员等。第二次世界大战后，他在美国纽约当上了一名广告代理人。1948 年创办了自己的广告公司——奥美，该公司是当今国际上最著名的广告公司之一。

奥格威认为每一则广告都是对整个品牌的长程投资，任何产品的品牌形象都可以依靠广告建立起来。他认为品牌形象并不是产品固有的，而是消费者对产品的质量、价格、历史等，在外在因素的诱导、辅助下产生的。

根据品牌形象理论，消费者所购买的是产品能够提供的物质利益和心理利益，而不是产品本身。因此，广告活动应该以树立和保持品牌形象这种长期投资为基础。

奥格威利用他的品牌形象法为世人留下了许多杰出的广告创意：哈撒韦衬衫、壳牌石油、西尔斯连锁零售点、IBM、罗尔斯·罗伊斯汽车、运通卡、国际纸业公司等。

该广告是奥格威的得意之作。除了至今仍被世人津津乐道的“戴黑眼罩的男人”为主要视觉要素的画面设计的创意外，朴实无华的文案，中肯、具体、实在、令人信赖的风格是这则广告出奇制胜的关键。标题是“穿‘哈撒韦’衬衫的男人”，语气十分平和，与图像相得益彰。正文以聊天式的口吻，拉近与消费者的距离，勾起了消费者的兴致，并以非常专业的口吻详细介绍了关于产品的各个特点及其他信息：耐穿、不惜工本、做工地道、穿着舒适、用料上乘、历史悠久……所有资料都用事实说话，极具说服力。整个文案体现产品时刻为消费者着想，从消费者的角度考虑问题，把产品承诺的利益点一一摆出，令人信服。

3. 威廉·伯恩巴克的实施过程重心法

威廉·伯恩巴克（William Bernbach，1911—1982）出生于美国纽约，1949 年和多伊尔、戴恩成立了 DDB 广告公司。他崇尚广告的艺术创新，认为广告是说服的艺术。在《广告时代》20 世纪末的评选中，他被推选为广告业最有影响力的人物第一位。

伯恩巴克认为广告信息策略“如何说”这个实施的部分可以独立出来，形成自己的内容。这就是实施过程重心法。他认为周密的创意实施过程离不开以下四点：

（1）要尊重消费者。广告不能以居高临下的口吻与你的交流对象说话。

（2）广告手法必须明确、简洁。广告必须把要告诉消费者的内容浓缩成单一的目的、单一的主题，否则广告就不具有创新意境。

（3）广告必须与众不同，必须有自己的个性和风格。广告最重要的东西是要有原创性和新奇性。

（4）不要忽视幽默的力量。幽默可以有效地吸引人的注意力，使人得到一种收听、收看和阅读的补偿。

伯恩巴克利用实施过程重心法的代表作是为大众甲壳虫汽车所做的系列广告，如图 3-12 所示。

图 3-12　大众甲壳虫汽车广告

甲壳虫汽车初次登陆美国市场时，被认为有四个特征：外观不漂亮、小、后引擎驱动、外国制造。这四个特征皆不被看好。在此之前，美国所有的汽车广告都是展现富丽堂皇或赏心悦目的图景。细心的伯恩巴克却发掘甲壳虫汽车独属的优点：价格便宜、马力小、油耗低，它还是一种可靠的车子——结构简单而实用，质检严格而性能可靠。其广告画面都很简洁，通常是黑、白两色，主标题是“想一想小”（think small），简单却富有深意。大卫·奥格威曾羡慕不已地说：“就算我活到 100 岁，我也写不出像‘福斯汽车’（即甲壳虫车）那种策划方案，我非常羡慕它，我认为它给广告开辟了新的门径。”

案例
TCL 美之声无绳电话的实效推广

拓展阅读3-1

雀巢咖啡创意广告《当时间被静止》赏析

雀巢咖啡是世界知名的咖啡品牌，其广告往往富有情调、饱含创意，如以下这则《当时间被静止》的广告。

广告一开始展现的一幕就是水泄不通的交通状况，汽车鸣笛声、警察鸣哨声等各种嘈杂的声音汇聚，就像现代城市的一个缩影，每个人都在为生活和工作忙碌奔波（具有现实意义）。画面转到一位帅气的绅士，他的手中拿个一块怀表，他挥动了怀表，怀表便浮动在空中（引发联想，情节进入高潮）。

突然时间停止，职员的报纸散落却浮在空中，汽车鸣笛声也停止了，甚至能看到飞扬的一粒微尘的形状。但是唯独绅士没有静止，他在形形色色的人群中走动（更加剧了联想，激发人们的想象）。

中年女士正愁眉苦脸地看着手机，似乎被不顺所打扰，绅士便将她的手机转过机身，让她的女儿倚靠在她的肩头。母女俩幸福地合照，微微一笑（缓慢的动态表情效果加上静态背景画面，动静结合，展现亲情一刻）。

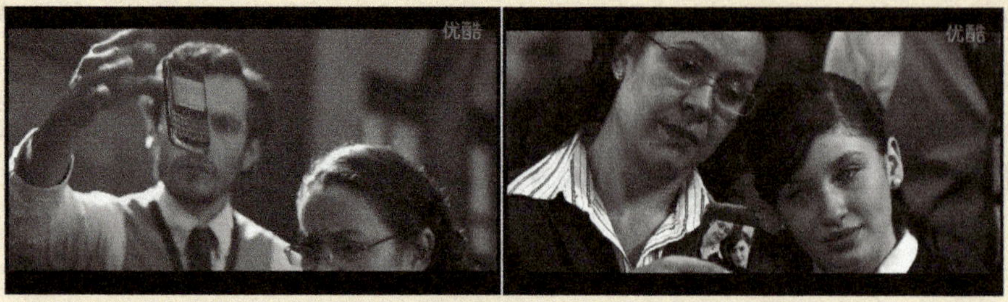

绅士又走动着，剪开一张报纸。老人突然展现了慈祥的面容，正当我们好奇的是什么改变了他（再次引发联想），画面又透过镂空的报纸看到一位可爱的孩子拉着小气球欢快地跑着（回忆童真童趣的主题，画面温馨）。

画面再转，绅士将一位漂亮女士的身子向后转，再把一枝玫瑰插在后面男士的手中。原来是这位男士在向她表达爱意（展现爱情主题，浪漫温馨）。

然后，绅士回到原来的地点，拿着漂浮的怀表，突然间时间又开始走动（故事有头有尾）。接着“Wake up to life”的广告语点明主题（寓意人们要从忙碌木讷的枯燥生活中醒过来，不要生活在快节奏和低落的情绪中，时常看看周围的温情时刻，时刻关怀身边的人）。最后亮出“雀巢NESCAFE”的logo（正如雀巢的咖啡那样，品味其醇香，感受其温暖，生活也会变得温暖）。

雀巢咖啡的这则《当时间被静止》广告，运用动静结合的电影制作手法，独特又有创意，令人耳目一新，并且传达的思想主题有深刻的现实意义，体现的是一个企业的社会责任感，并且其中的温情时刻也带给消费者温暖和反思，具有教育意义，赢得了消费者的认可。

小试牛刀 3-1：奇瑞汽车广告创意分析

［实训目标］

提高学生对广告创意的认识。

［实训内容］

以小组为单位开展查找活动，分别收集奇瑞汽车的广告资料（平面广告、广告语、视频广告等）。在此基础上，对其进行分析，得出具体结论。

［实训操作］

（1）首先让学生明确广告创意的特征与原则。

（2）将全班学生每5~6人分为一组，并选出小组负责人。教师说明训练内容及成果要求。

（3）每个小组分别收集奇瑞汽车的3种广告资料。

（4）根据收集的广告资料，逐一分析其广告创意。

（5）小组长汇报训练内容及成果。

（6）教师对训练情况进行总结。

［成果要求］

（1）每个小组撰写出查找报告，逐一说明其广告创意。

（2）每人写出活动的体会，指出奇瑞汽车广告的优缺点。

（3）依小组报告与个人的活动体会为每位学生评估打分。

同步训练

一、单项选择题

1. 创意的实质是（　　）。

A. 沟通　　B. 创新

C. 承诺　　D. 定位

2. 按照詹姆斯·韦伯·扬的观点，下列内容中属于一般资料的是（　　）。

A. 色彩　　B. 包装

C. 商标图案　　D. 政治环境

3. 根据罗杰·冯·奥克的四步创意模式，寻找大创意，实现大创意是（　　）角色的任务。

A. 探险家　　B. 艺术家

C. 法官　　D. 战士

二、多项选择题

1. 广告创意的特征包括（　　　　）。

A. 新颖独特　　　B. 意象交融

C. 引人入胜　　　D. 高度抽象

E. 绝对真实

2. 广告创意需要遵循的原则包括（　　　　）。

A. 实效原则　　　B. 关注原则

C. 通俗原则　　　D. 简洁原则

E. 合法原则

3. 广告的基本原则有（　　　　）。

A. 真实性原则　　　B. 思想性原则

C. 科学性原则　　　D. 艺术性原则

E. 专业性原则

4. 广告创作的构想包括（　　　　）。

A. 题材选择和主题构想　　　B. 表现方式构想

C. 广告媒介构想　　　D. 广告情感效应构想

E. 广告形象构想

5. 头脑风暴法成功的要素有（　　　　）。

A. 不限时间　　　B. 自由畅谈

C. 延迟评判　　　D. 禁止批评

E. 追求数量

三、简答题

1. 如何进行广告创意要素组合的构想？
2. 简述广告创意的产生过程。
3. 如何组织创意头脑风暴会议？
4. 三种广告创意经典方法各有什么特点？

四、分析题

1. 指出下面这则广告所使用的创意方法。

亲爱的读者：从9月1日开始征订《消息报》。遗憾的是明年的订户不得不增加负担，今年征订费为400元。征订费是涨了，但在纸张涨价、销售劳务费提高的新形势下，我们的报纸将生存下去，我们别无出路。但你们有办法，你们完全有权拒绝订阅《消息报》，将400元的征订费用在急需的地方。《消息报》一年的征订费可用来在市场上购买一盒好茶，或者吃一顿饭，或者给轿车加一箱油。这样的“或者”还可以写上许多。但任何一种“或者”只能短时间享用。而您选择《消息报》——将全年享用。事情就是这样，亲爱的读者。

——《消息报》征订广告

2. 利用创意思维方法回答下列问题。

（1）一家位于纽约的商店叫作七只钟，然而在它的外面却挂着八只钟。这是为什么呢？

（2）舒适航空公司是欧洲以低成本领先的航空公司。在舒适航空公司的航班中没有免费的饮料，如果你想喝点什么就必须掏钱去买。在近期的一期杂志中，有一篇文章说明了这种做法的两大优点：一个优点是带来了收入，另一个是什么呢？

（3）一个小镇里有四家鞋店，它们销售同样型号、同一系列的鞋子，然而，其中一家鞋店丢失的鞋子是其他三家平均每家的3倍。为什么会出现这种情况，又如何解决这个问题呢？

技能训练

实训项目　编写广告创意方案

一、实训目标

通过编写广告创意方案的实训，使学生熟悉广告创意工作流程，发挥创造性思维，编写广告创意文案；能从专业角度对广告作品的创意优劣进行评价，并提出改进意见。

二、背景资料

在《国际广告》中有关于“创维电视——看出生活真色彩”的经典广告创意赏析。创维电视在报纸的系列广告中，先以一些易引起视觉错觉的例子设问：“您认为哪一条直线更长？”“您认为哪个更圆？”……进而说明“生活中总有些干扰因素，影响我们得出正确结论。凡事看清点，才能看得更真。创维彩电，图像更清晰，色彩更鲜艳，让你看得更清、更真”。

创作者认为，调查表明，消费者买电视最看重的是图像清晰和色彩鲜艳，而创维电视在这方面尤为突出，所以它的广告口号是：“看出生活真色彩！”创作者充分挖掘消费者的心理特征：凡事看清点，才能看得真。因此可以通过树立创维电视真诚、朴实的品牌形象，诉求创维电视的图像更清晰、色彩更鲜艳的卖点，来满足消费者的实际利益和心理需求。

如今随着现代科技的发展，创维电视又走在技术的前列——云电视。请在赏析“创维电视——看出生活真色彩”的广告创意后，为创维电视编写一则广告创意文案。

三、实训要求

1. 从专业的角度，结合时代特点，评析“创维电视——看出生活真色彩”广告作品的创意构思。

2. 坚持守正创新原则，挖掘创维电视的产品诉求点，编写广告创意文案。

3. 各小组在本次实训结束后，需要提交一份创维电视的广告创意文案，包括创意思路、创意亮点、文案脚本。

4. 在完成广告创意文案的编写过程中，需要小组成员进行多次头脑激荡讨论，要求小组把每次的讨论会拍摄成视频并记录（可手机拍摄），便于自查和指导教师检查。

四、实训步骤

1. 收集背景材料中创维电视的产品资料。

2. 拟订整套创意工作流程。

（1）收集信息资料，进行创维电视广告创意准备；

（2）分析、归纳资料，进行创维电视广告创意探寻；

（3）积极思考，运用并改造素材，进行创意酝酿；

（4）灵感闪现，产生创意；

（5）组内充分讨论与分析，决定好的创意思路。

3. 小组内进行任务分配。

4. 个人开展工作并多次进行讨论、脑力激荡，小组拿出电视广告创意方案。

（1）创意思路：(　　　　　)

（2）创意亮点：(　　　　　)

（3）创意的文案脚本：(　　　　　)

5. 团队项目实训小结分享。

“团队项目实训小结分享”格式如下。

团队实训内容

编写广告创意方案实训小结分享 团队名称： （正文）
其他说明：

修改并完善以上内容后，以团队为单位，以组长为主发言人，其他人可补充，每组发言时间为5~8分钟。

教师总结点评，其他团队随机点评。

五、实训成果

1. 能够从专业角度对广告作品的创意优劣进行评价，并提出改进意见；
2. 能够熟练掌握广告创意工作流程；
3. 能够团队协作编写广告创意文案。

能力测评

专业能力自评

	能/否	任务名称
通过学习本章，你		运用广告创意的基本理论识别和分析具体广告案例
		在广告实务中综合运用创意思维方法
		就给定材料提出广告创意的构想
通过学习本章，你还		

核心能力自评

	核心能力	是否提高
通过学习本章，你的	信息获取能力	
	书面表达能力	
	解决问题能力	
	团队合作精神	
通过学习本章，你养成的文化素养有	良好的思维习惯意识	
	用水平思考法来思考问题的能力	
	创新意识	
自评人（签名）： 年 月 日		教师（签名）： 年 月 日

注：“是否提高”一栏可填写“明显提高”“有所提高”“没有提高”。

第4章 广告文案

【学习目标】

通过本章学习，应该达到以下目标：

● 知识目标：

了解广告文案的基本概念、构成要素，以及各要素的主要类型和拟写的基本要求。

● 技能目标：

掌握广告文案标题、正文和标语的写作技法和要求；具备广告文案创作的基本能力。

● 素养目标：

提高对产品、媒体及公众需求的洞察力；能够灵活运用广告文案的表现要素，坚持职业操守，善于兼顾广告主的利益以及公众的利益；具有广告从业人员的法制意识、诚信意识和环境意识。

【内容结构】

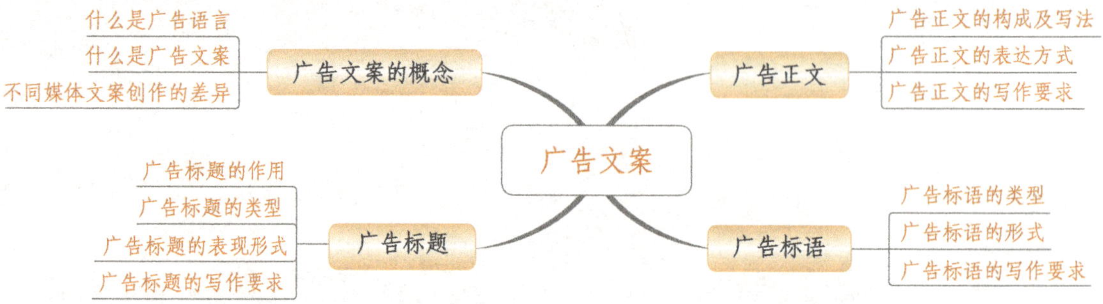

引例 比亚迪汽车广告

比亚迪汽车为新一代“唐”型号新能源汽车推出了全新的平面广告，强调其科技创新的力量。其广告如图4-1所示。

图4-1 比亚迪汽车广告

在该广告中，比亚迪使用了“成功，是不断领先的过程”等广告文案，体现了“向新而行”的品牌形象和理念。

思考：

1. 这则广告中的文案包括哪些部分？
2. 试分析并指出广告标题、广告正文、广告口号各是什么内容。
3. 试分析本广告文案的成功之处有哪些。

4.1　广告文案的概念

4.1.1　什么是广告语言

广告语言是指广告作品借以表达广告创意的各种表意元素和手段的统称。从构成要素上来说，广告语言包括构图、色彩、版式、运动、声音、语言文字、媒介等。例如，引例中“中国电信天翼4G”广告，其广告语言至少包含（不限于）构图、色彩、图形、排版、语言文字等语言要素。

从功能上来说，广告语言分为识别系统、允诺系统、劝说系统三个子系统（具体内容见本小节拓展阅读4-1）。这就意味在一则广告中，借助广告语言所表达的三个方面的基本内容。仍以中国电信天翼4G广告为例，这个广告识别系统主要表现为中国电信企业、中国电信4G业务两个识别标记，允诺系统表现的是“美好即将开始”的图景，劝说系统表达了天翼4G将赋予的“美好”期待，即“生活更自由奔放”“释放激情”“绽放自我”。

4.1.2　什么是广告文案

1. 广告文案的含义

广告文案是指广告作品中的语言文字部分，是表现广告创意最基本也是最重要的手段之一。广告中的语言文字是广义的语言文字，既包括广告中使用的全部语言字符，也包含与语言意义相对应的表意符号。例如，代表中国电信的商标图案、奥运会的五环标志等具有明确语义的象征性符号等。

广告文案

2. 广告文案的构成

广告文案主要由标题、正文和标语三部分构成。虽然丰富的广告创意有可能模糊三个部分的界限，但是这三个部分的功能都必然通过不同的形式得以表现。我们要想更多了解、把握广告文案的基本知识和创作技巧，就必须深入研究广告文案的三个主要组成部分。

4.1.3　不同媒体文案创作的差异

广告文案创作策略受很多因素影响，主要影响因素是自受众的不同和媒介的不同。首先，受众不同，广告语言的表现形式和内容通常会有很大差异。例如，中国移动在农村的条幅广告与在城市里的校园招贴广告就差异很大。中国移动在农村的广告标语是“中国移动手机卡，一边耕田一边打”，而在城市校园的广告语则是“欢乐开学季，必须和4G”。其次，不同的媒介承载的信息量及信息呈现的方式也存在巨大差异。例如，互联网广告中的旗帜广告要求很简洁，而超链接的内容则具体而丰富；杂志与报纸受版面的限制，文案的信息量会有所不同；电视、广播因为有动态的音视频辅助呈现，其文案则多具有演说、对话的性质。因为篇幅所限，接下来讨论的文案创作，仅仅涉及文案创作的一般规律，至于对不同对象的差异化策略以及不同媒介的差异化策略不做充分讨论。

拓展阅读 4-1

广告语言系统

广告语言系统具体包括以下三个部分，或者说是三个子系统：

1. 识别系统。识别系统是广告语言系统中最根本、最本源的部分，是广告作品最本质的成分，是人们确认和识别广告主的唯一根据。广告作品中的识别系统，就是广告主的名称（包括全称、简称或缩称），是广告主所生产的产品商标或服务商标。

2. 允诺系统。允诺系统是广告作品中对广告主的形象、产品和服务的质量等所做的承诺。这种承诺既可以是显性的，如在作品中直接用文字或语言作出明确的表达；也可能是直接隐性的，如通过图形或画面的表现来展示或展现；还可能是间接隐性的，如在中央电视台黄金时段发布的广告作品，容易给人以“企业有实力”的印象，可以认为是一种间接的隐性允诺。

3. 劝说系统。是对广告受众所做的劝说性的表现或表达。这种劝说，和允诺系统一样，既可以是显性的，也可以是直接隐性的，还可以是间接隐性的。

资料来源：根据百度百科有关资料整理。

4.2 广告标题

广告标题

广告标题是整个广告文案乃至整个广告作品的总题目，揭示广告的主题。标题是广告内容和属性的高度浓缩和概括，回答该则广告是什么、属于谁的问题。广告标题是整个广告内容的引领，告诉受众广告中最重要的、最吸引人的信息以吸引受众对广告的注意力。人们在阅读或收看广告时，通常首先关注的是标题。广告标题的成功与否直接影响广告的效果，在整则广告中具有重要的地位。

4.2.1 广告标题的作用

广告标题具有四个方面的作用。要说明的是，分析这四个方面作用的灵感来源于拓展阅读 4–2 中介绍的 FABE 法则。FABE 法则提供了分析广告标题作用的基本框架。必须指出的是，四个要素所反映的作用既不是排他的，也不是面面俱到的，更不是僵死的模式。因为广告表达的不仅仅是静态的信息，还有动态的内容，例如时间、空间的安排，促销的策略等。一个优秀的广告标题能够传达丰富的信息，从而起到更多的作用。

1. 反映广告属性

广告标题最主要的作用就是反映广告的属性，即这是什么广告。广告的属性主要指的是广告主信息、产品或服务的信息及其规格、功能等。因为广告标题传达的广告主题属性明确，便于锁定受众群体，提高广告传播的效率，也体现了对广大广告受众的尊重。例如，中国电信 5G 家庭套餐的广告就准确地传达了广告的属性，即中国电信、5G、三千兆、全家畅享等信息，如图 4–2 所示。

图 4–2　中国电信 5G 家庭套餐广告

2. 诱发公众兴趣

广告标题还承担诱发公众兴趣的作用。好奇心是一种本能，优秀的广告标题设计可以诱发读者继续阅读的兴趣，这样广告的内容才更容易吸引注意力，被阅读、被记忆。为了推陈出新，吸引眼球，广告设计者通常都会在标题上下功夫，通过制造悬疑、制造争议等手法，甚至“不择手段”。说广告标题语不惊人死不休也就是因为这种境界。例如，言几又书店的广告（见图 4–3），其标题为“世界的另 ________ 种答案”，到底会有几种答案呢？这能引发受众的思考，诱导受众思考“世界不止一种答案，我们步履不停开启新发现”，进一步了解品牌“随时随地，与美好不期而遇”的经营理念，感受其中蕴含的文化气息。

图 4-3　言几又书店的广告

3. 激发消费欲望

广告标题的最终目标当然是销售，所以广告标题起着激发消费欲望的作用。广告标题经常通过将有关商品与服务的实惠表现出来以达到目的，实惠是指所涉及产品或服务的经济性、便利性以及附加值。对于用户来说，现实的利益或者实惠通常会成为一个有分量的消费理由，同质化产品的广告标题更要突出该产品与其他同类产品相比有特色、更加超值的功用。例如，蔚来汽车广告文案“等待换新，不如即刻拥有”，能有效激发对该品牌感兴趣的受众的消费欲望。

4. 获取公众信任

广告标题第四个作用是获取公众信任。一旦有了消费者的信任，不但直接促进消费，而且会形成口碑。所以，广告标题经常通过荣誉、数据、排名或名人推荐等方式博取公众的信赖。例如，椰树牌椰汁广告，使用文案“××年坚持在海南岛用鲜椰肉鲜榨”并每年更新年份数字，以获取公众信任。

拓展阅读 4-2

FABE 法则

FABE 法则是对一种成熟的商业销售模式的总结，解决在销售过程中说什么和怎么说的问题，所以也适用于广告传播。

FABE法则起源于FAB法则，美国俄克拉何马州立大学企业管理博士、中国台湾中兴大学商学院院长郭昆漠在FAB法则的基础上总结出FABE法则。FABE法则具有高度的可操作性，它通过四个关键环节，极巧妙地处理了顾客关心的问题，从而顺利地实现产品的销售。

F代表特征（Features），即产品的特质、特性等最基本功能，以及它是如何用来满足我们的各种需要的。特性，毫无疑问就是指自己品牌所独有的。每一个产品都有其功能，否则就没有了存在的意义，这一点应是毋庸置疑的。对一个产品的常规功能，许多推销人员也都有一定的认识。但需要特别提醒的是，要深刻发掘自身产品的潜质，努力去找到竞争对手和其他推销人员忽略的、没想到的特性。当你给了顾客一个“情理之中，意料之外”的感觉时，下一步的工作就很容易展开了。

A代表由上述特征所产生的优点（Advantages），即前面Features中所列举的商品特性究竟发挥了什么功能，并要向顾客证明购买的理由，要与同类产品相比较，列出比较优势。

B代表这一优点能带给顾客的利益（Benefits），即Advantages中所列举的商品优势带给顾客的好处。利益推销已成为推销的主流理念，一切以顾客利益为中心，通过强调顾客得到的利益、好处激发顾客的购买欲望。

E代表证据（Evidence），包括技术报告、顾客来信、报刊文章、照片、示范等。证据具有足够的客观性、权威性、可靠性和可见证性。

FABE法简单地说，就是在找出顾客最感兴趣的各种特征后，分析这一特征所产生的优点，找出这一优点能够带给顾客的利益，最后提出证据，证实该产品确能给顾客带来这些利益。

4.2.2　广告标题的类型

以广告标题是否直接地表现广告信息为分类标准，广告标题可以分成直接标题、间接标题、复合标题三种结构类型。

1. 直接标题

直接标题亦称为直接诉求式标题。它就是直接将广告主题或者产品优点告诉受众，容易使受众快速把握广告的诉求重点。例如，“好空调，格力造”“维维豆奶，欢乐开怀”。直接标题又有两种类型：一是只有广告标题，没有正文，如“海南旅游风光”广告；二是标题与正文相配合，标题引导媒体受众去阅读正文，而正文是对标题的具体说明，如标题为“惊鸿之美，触手可得”的华为手机广告（见图4-4），在正文中具体写明“5倍三摄变焦，风景再远，也尽收眼底”，诠释了如何用手机捕捉生活中的美。

图 4-4　华为手机平面广告

2. 间接标题

间接标题亦称为间接诉求式标题。它就是将销售主题和销售重点以提醒或暗示的间接方式告诉受众，通过增加广告的趣味性、新闻性、戏剧性、情趣性和哲理性等来提高消费者的注意力与兴趣，从而达到传输信息的目的。例如：

愉悦丝滑，尽享德芙。（德芙巧克力广告）

米已成炊，开饭啦！（小米手机预订广告）

3. 复合标题

复合标题就是把直接标题和间接标题结合起来的标题。它通常由引题、正题和副题三部分组成。引题，又叫眉题，其作用是说明信息意义或交代背景。正题，又叫主标题，一般用来点明广告主要事实，交代主要信息内容。副题，又叫副标题，一般用作正题内容的补充说明。

复合标题，在实际运用中主要有三种组合方式：

（1）引题、正题和副题组合式。例如安徽省石台县旅游广告（见图 4-5）：

自然博物院　休闲养生地（引题）

图 4-5　安徽省石台县旅游广告

中国原生态最美山乡（英文略）（正题）

安徽·石台（副题）

（2）正题与副题组合式。又分两种方式：一是正题在前，副题置后。例如，格力变频空调广告：

巅峰之作　领先上市（正题）

全球首款1赫兹U系列变频新品（副题）

二是副题在前，正题置后。例如，海信空调广告：

今年夏天最热的冷门新闻（副题）

海信冷气全面启动（正题）

（3）引题与正题相结合。例如，某证券公司的广告：

××证券告诉您（引题）

不要把所有的鸡蛋放在一个篮子里（正题）

4.2.3　广告标题的表现形式

广告标题的表现形式通常情况下分为以下几种：

1. 陈述式标题

陈述式标题亦称新闻式标题。这种标题是陈述事实，即把广告的要点或有关事实高度精练地呈现给读者。它在写法上类似报纸的新闻标题，通过公布产品的特点、销售方式等消费者感兴趣的新闻来构成广告的标题。陈述式标题的特点是庄重严肃、清楚明了，便于消费者领会。例如：

陈述式广告标题

京东彩电节，千万优惠券免费领（京东商城广告）

日供18元，轻松“贷”回家（别克汽车广告）

来电信移动话费低至三折（中国电信广告）

35万中文图书　满199元返100元图书券（图书广告）

2. 询问式标题

询问式标题是以疑问句的形式出现的，亦称问题式或疑问式标题。这类问题往往针对消费者的疑惑提出，具备启发性和诱导性，因而能引起广告受众的注意。例如：

今天你缴费了吗？（某移动运营商缴费优惠广告）

谁会留意没有生气的嘴唇呢？（布兰娜唇膏广告）

3. 祈使式标题

祈使式标题是以祈使句的形式出现的，带有规劝、叮咛或祈求的口气，诱导消费者立即采取行动。不过此类标题的运用，应尽量利用假设的情境委婉表达，避免引起消费者的误解和反感。例如：

买空调，选美的（美的空调广告）

周末，让我们去开封吧（开封旅游广告）

怕上火，喝王老吉（王老吉凉茶广告）

4. 允诺式标题

允诺式标题通过直接向消费者提供某种利益承诺，以达到吸引公众阅读广告，并进一步激发受众消费欲望的目的，有较强的冲击力。例如：

顺丰店，随时、随递（顺丰快递公司广告）

买 2 房送 1 间大房（房地产公司广告）

5. 叙述式标题

叙述式标题是以叙述的方式告诉受众产品或服务的性能和特点。这种广告标题叙述内容针对性强，包含的信息量较大。例如：

中国低温肉制品领跑者（雨润集团广告）

奇瑞瑞虎三剑客，能驱　能省　快意驰骋（奇瑞汽车广告，见图 4–6）

图 4–6　奇瑞汽车广告

6. 抒情式标题

抒情式标题是用抒情的语言来拟订的，往往借饱含感情的语言推出相应的产品或服务，以期引起消费者的情感共鸣，从而加深广告的感染力。例如：

钻石恒久远，一颗永流传（钻石产品广告）

一股浓香，一缕温暖（南方黑芝麻糊广告）

朋友携手，温暖你我——好朋友，三九感冒灵（三九集团药品广告）

7. 建议式标题

建议式标题是用建议的语气表述的。常常是通过告诉人们一个道理，给人们提一个建议，从而引起受众的共鸣，以期产生对产品的兴趣。例如：

开袋即食，无须搅拌（某食品广告）

喝前摇一摇（农夫果园果汁广告）

退热，止咳，就用感冒止咳颗粒！（恒诚制药广告）

广告标题的形式是多种多样的，而且是不断创新的。除上述几种外，还有对比式、悬念式、比喻式、提示式、致谢式、颂扬式、庆贺式等多种方式。在实践应用中，我们应根据广告产品、广告目标的不同要求，灵活运用并力求创新。

4.2.4　广告标题的写作要求

1. 突出产品的品牌

广告阅读往往是从标题开始的，标题是第一个进入读者视野的文字性广告信息。如果标题中能够突出产品的品牌，就能在广告被阅读的初期达到推广品牌的目的，尤其是对那些浅层次阅读的快速浏览者最为有效。这些读者可能只看一眼标题就匆匆略过。广告标题如果能够突出品牌，就能快速抓住目标受众的注意力，吸引潜在消费者进行深度阅读，对那些暂时不感兴趣的读者，也能起到扩大品牌知名度的作用。最典型的是格力空调的广告，绝大多数都在标题中突出格力的品牌。例如：

完美变频，就是格力

家才是生活的中央——格力家用中央空调

格力中央空调——核心科技，世界水准

格力中央空调——系统解决，一步到位

格力，掌握核心科技

好空调，格力造

2. 强调产品的特性

在标题中强调产品的特性，能够在广告被阅读的瞬间吸引潜在消费者的注意力，便于他们识记产品的特色，加深印象。尤其是对于同质化的产品，竞争异常激烈，广告标题的撰写，更应基于竞争考量，从而突出产品最显著的竞争性指标特性。例如：

格力超薄空调（格力超薄空调广告）

变频就买格力 1 赫兹（格力变频空调广告）

美的全直流变频空调，一晚仅需 1 度电（美的变频空调广告）

3. 文字简洁明了

在大多数情况下，受众对广告总是一扫而过。所以，广告标题应当简洁凝练，让读者一目了然。简洁凝练，首先要求文字数量不宜过多；其次是内容高度概括，做到文字少而表现力丰富。例如：

玩出喂（360 儿童手表广告，见图 4-7）

甜过初恋（街头售卖柑橘广告）

图 4-7　360 儿童手表广告

4. 题文相符，相得益彰

题文相符是广告标题创作的基本要求。广告标题既要引领广告阅读，也是广告作品的组成部分，与广告文案以及其他表现元素融为一体。广告标题拟写要尽量避免单纯为了追求冲击力而出现文不对题的现象，或者引起不愉快的联想。优秀的广告标题应当是既有冲击力起到诱导阅读的作用，又能与文案其他部分相互印证、互为补充，相得益彰。

文化素养 4-1

文化视野上的国际化

随着众多中国品牌走向国际与国际品牌抢滩中国，广告也将进入国际化运作阶段。国际广告是跨国界、跨文化的传播形式，它面临的不单是语言的转换问题，更是文化系统的转换。因此，国际市场向广告人的挑战首先是一种文化挑战。面向国际市场的广告人必须在文化视野上做到国际化，保持与世界文化同步，按国际化的广告理念为自己重新定位。广告人必须克服文化障碍，打破文化上的“自我参照系统”，不仅要了解本国文化，还要了解世界文化。广告人的心中要有一张世界文化地图，对世界各国的民族文化背景，对其价值观念、宗教信仰、道德规范、审美观念以及世代相传的风俗习惯都应了然于胸，对世界大集团文化要了然于胸，对消费者的种种文化需求了然于胸，从而全方位增强自己的文化适应能力，真正按市场所在地的文化背景去决定广告传播的内容、表现形式与传播途径。

资料来源：贺雪飞．经济全球化时代广告人的素质[J]．当代传播，2005(1)。

拓展阅读4-3

广告的雅与俗

广告文化也有雅俗之分。当代中国广告，可谓俗有余而雅不足。“牙好，胃口就好，吃嘛嘛香！身体倍儿棒！”蓝天六必治的这则广告俗得可爱，以至于全国流行，是俗广告的典范之作。然而，许多广告俗得过头，导致庸俗、低俗。常见的有狂轰滥炸、煽情诱惑、戏说恶搞等类型。

与之相对，也有不少广告走雅文化路线。这类广告多从民族心理、传统文化、人生哲理等角度展开诉求，含蓄隽永、唯美优雅。中国银行曾经发布过一组形象广告，共四段短片，各约一分钟，背景分别为高山、竹林、麦田、江河，阐述了中国银行“追求智慧，勇于探索”“有节，情义不动”“丰饶，勤奋，富而不骄”“源远流长”的财富理念，而这些理念又与中国的山川风物完美地结合在一起，浑然天成，极具诗意。

雅广告与俗广告互相影响、共存共荣。雅广告的一枝独秀或俗广告的独霸天下，都不是健全的广告文化生态。同一产品的广告也可以雅俗结合，互相辉映。作为广告文化的两极，雅广告与俗广告各有其存在的价值，不能笼统地崇雅鄙俗或扬俗抑雅。

处理广告文化的雅俗关系，还有两点要注意：一是俗广告是我国现实广告的主体，但不能俗得过度。二是主体不等于主导。从受众角度看，随着我国经济文化的快速发展，广大消费者的素质不断提高，人们的审美趣味、审美能力今非昔比，富于文化品位的雅广告越来越受欢迎。当然广告的雅也要有个限度，不能超越受众的生活实际和接受能力。应该雅俗结合，俗为主体，雅为主导。

资料来源：宋初健．中国广告文化的三大关系[J]．当代传播，2011(6)。

4.3 广告正文

广告正文是广告文案的主体，是对广告标题的延伸以及对广告主题的详细阐释。广告内容的详细解析都在内容部分进行展示，回应公众对广告信息进一步知情的需求。广告内容通常呈现产品与服务的具体信息，包含性能、规格、特色功能、价格渠道、促销政策、附加值、认证与荣誉等信息。

当然，广告正文所反映的内容不是面面俱到的，根据广告对象的认知度、广告媒体性质、广告对象与竞争性企业及产品的市场博弈情况、广告发展的阶段等不同情况，其内容的主诉求是不同的，其广告内容也相应发生变化。例如，同样的产品在同一时期，在不同媒体投放的广告，其正文也是有所区别的。

例如，同样是手机广告，在宣传单页、专业杂志上，其正文内容就可以做到很翔实；而在电视广告中其正文内容就相对简单，只能突出手机的主要特色。在互联网广告中则要更加复杂，例如，通过电商的广告系统实现精准投送的广告，其主要内容都是通过超链接的形式提供的。通常推送的条幅广告其内容仅仅是产品形象及优惠信息，更多的内容则是通过超链接由其他页面提供的，正文的内容往往分层级，越来越翔实，越来越具体。如果是普通的页面广告，则根据幅面的大小，以及主诉求的内容，正文可以适当增减，必要时也可通过层层超链接的形式提供更加翔实的内容。其正文在不同的链接中，要求也有所不同。

4.3.1　广告正文的构成及写法

广告正文是指广告文案中除标题、广告标语，以及商标、企业名称之外的主要说明文字，是广告的主体部分，呈现的是关于广告对象的比较详尽的信息。广告正文一般由开头、主体和结尾三部分构成。因为广告发布的媒体不同，其正文的构成也丰富多彩，文字有多有少，内容有简有繁，风格多样。下面仅以结构相对完整的平面广告为例，谈一谈广告正文的构成（其结构参看同步案例 4–1）。

1. 开头部分

开头部分用于广告标题与广告正文详细内容的衔接，在结构上起着承上启下的作用，在内容表达上起着过渡的作用，通常为标题的进一步延伸。正文开头的写法灵活多样。常见的开头方法有概述式、提问式、事由式、祝愿式等。

2. 主体部分

主体亦称中心段，它是整个广告的主要部分，其任务是根据广告创意的主旨来阐述商品的状况、品质及优点。但应当注意的是，主体要简明扼要地表达所要宣传的内容，突出广告商品的品质与特征，而不是作一般的描述。这部分结构，要按照说明问题的复杂程度及文字结构的特点来做安排，要求做到层次分明、条理清晰、文字表达准确。

飞科剃须刀

主体的写法千差万别。常见的写作方式有时间序列式、逻辑序列式、要素分项式、文学描绘式等。

3. 结尾部分

结尾是广告正文的最后部分。这部分一般是为便利消费者或用户迅速付诸购买行动而作的服务方面的种种说明。它对于加深印象、刺激消费等有极其重要的作用。结尾要简短有力，以便促进消费者迅速采取购买行动或激发起他们长期的购买欲望。

结尾部分常见的写作方式有祈使式、强调式、服务式、祝愿式、总结式、抒情式、展望式等。

同步案例 4-1

怡宝纯净水：让自然变纯净，让饮水更放心

背景资料：

华润怡宝一直致力于水的净化技术。经过不断研究创新，从最开始的"氯"净化饮用水源后不断升级，直到二级反渗透净化技术的出现，共进行7层净化，人们对完美品质生活的理想终可成真。怎样的7层净化标准，才能达到如此纯净呢？

1. 水源把控措施。对水源进行严格把控，采用国家标准生活饮用水水源，给你第一层保证。

2. 石英砂过滤。用高纯度、纯天然的石英砂过滤，有效截留水中的细小颗粒、悬浮物、胶体等。

3. 吸附过滤。由天然椰子壳做成的活性炭，其极强的吸附能力能有效过滤水中的异味。

4. 精准去除杂质。初滤的水再次经过孔径超微的精密滤芯过滤，可更精准地去除更小颗粒物质。

5. 反渗透过滤。源自美国的两级反渗透装置，能去除除水分子之外的几乎所有杂质。

6. 再次反渗透过滤。再次重复美国两级反渗透程序，更精细过滤，获取至纯之水。

7. 精纯口感。严格的臭氧消毒工序，不仅带来甘甜的口感，更为精纯之水把好最后一道品质安全关。

至纯水溶解性更强，促进新陈代谢效用明显，可以安全补充人体水分。

资料来源：根据有关资料整理。

问题：

1. 这则广告正文的开头和结尾各起什么作用？

2. 这则广告的主体部分说明的是什么内容？

3. 试分析该广告正文的成功之处。

分析提示：

1. 首尾呼应，体现让饮水更放心。

2. 如何进行7层净化？

3. 真实可靠、简明通俗、生动有趣等。

4.3.2 广告正文的表达方式

广告正文的创作形式多种多样，在具体的创作中也有不同的创作模式，并无定法。为了方便读者把握，这里把主要表达方式分为以下几种：

1. 说明体正文

说明体正文

说明体正文以说明为表达方式。这类正文主要说明产品的特性、优势、好处以及证明材料，也就是FABE法则中应当提供的信息。应当注意的是，写说明体正文应当直截了当、清楚明了，这样能让消费者尽可能多地了解有用信息。

2. 证明体正文

证明体正文以提供证据为表达方式。如果广告对象具有一定的周知性，而可信度需要传达或强调时，则经常采用这类证明体表达方式，在正文中直接提供有关证据、证书。通常运用产品或企业的获奖证书、荣誉证书及产品的销量、市场占有率、消费者的口碑、专家鉴定等证据来证明产品质量和服务质量。应当注意的是，写证明体正文时，必须注意选择确实能为消费者所接受的权威证明。这些权威证明应该是知名的，而且更重要的是这些权威必须有资格对某种产品做出证明，否则便没有说服力。

3. 叙述体正文

叙述体正文以事实、事件或情节陈述为表达方式，又称小说体正文。它是以小说的形式写成的广告正文，有一定的情节，能达到引人入胜的效果。这类正文不宜过长，以微型小说、附有文字说明的插图和滑稽小品最为常见。

丰田卡罗拉汽车广告

4. 对话体正文

对话体正文是以对话为表达方式，以两个或两个以上人物之间的对话形式写成的正文。这类正文在音视频广告中比较常见。这类正文比平铺直叙的广告内容更有人情味，更有感染力，能够直接回答目标受众关注的焦点问题。写作此类广告正文时，要有针对性，对消费者可能产生的疑问和关注的焦点予以展现，而避免面面俱到的描述。

优乐美奶茶广告文案

5. 幽默体正文

幽默体指的是表达方式具有幽默的语言风格。这类正文具有一定的趣味性，能够在活泼的阅读氛围中宣传产品，给受众一种轻松愉快的阅读体验，引起消费者的兴趣。

6. 新闻体正文

新闻体指的是其表达方式具有新闻报道的风格。因为文体风格近似新闻报道，具有一定的诱导性，往往能收到较好的广告效果。媒体受众在接触新闻时，通常能产生较高的信任度，而且在心理上没有对广告的逆反心理，宣传效果较好。

当然，除了上述常见的文体之外，正文的表达方式还有诗歌体、对联体、比较体、自述体等，需要在实际运用中不断创新，灵活运用。

4.3.3　广告正文的写作要求

广告正文的撰写是一项复杂的工作。撰写人员前期要参与对广告主诉求的调研，根据预期的表达效果，与广告主共同确定广告内容的主诉求，还要对产品的市场情况、竞争对手的市场情况以及广告策略进行分析研究，结合本广告的定位，研究制定表现的基本手法和需要传达的详尽信息，借以提高文案设计的针对性，然后才能着手进行文案的创作。除此之外，广告正文本身的拟写，还必须遵从以下几个基本要求：

1. 真实可靠

真实可靠是广告写作的基本要求。撰写人员首先要贯彻党的二十大精神，弘扬诚信文化，健全诚信建设长效机制，以客观事实为基础发布商品的真实信息；其次，要满足消费者的知情权，避免发布不可靠信息或者隐瞒产品缺陷，给公众造成误导，继而带来负面效应，损害企业形象。

2. 重点突出

重点突出是广告写作的基本原则。广告的发布都是有成本的，公众阅读也是有时间成本的，广告正文应当根据广告的定位精心选择广告内容信息，并据此进行文案创作，切忌事无巨细、面面俱到。一则成功的广告，一定是重点突出的广告。信息过多过滥，使读者抓不住重点，反而影响广告的传播效率。

要注意的是，重点突出不仅仅是对正文撰写的要求，而且是对整个广告文案的创作要求。正文创作不是一项独立的工作，它必须与文案的标题、广告语等信息乃至广告的其他有机组成部分融为一体。

3. 简明通俗

简明通俗是广告写作的重要原则。首先是简明。广告正文一般不宜过长，即便是传播媒介有足够的篇幅，也没有必要用文字填满。公众在阅读广告时，更喜欢阅读图表形式的信息，文字往往只是用作辅助的说明，过多的文字容易让读者产生疲劳感，所以文字一定要简明。其次是通俗。要尽量避免出现过于专业的术语，要用目标公众容易理解的言语词汇表达广告信息。如果必须使用专业术语，读者对该术语又不容易理解，则可进行必要的注释或解释。当然，所谓简明，并没有定量的规定，主要还是看广告对象本身在消费者中的认知度以及所借助媒体的呈现能力。如果广告对象认知度很高，则广告正文可以简略，有些广告甚至无须广告正文；相反，如果广告对象是新生事物，相应的正文内容则要适当增加。如果是网络广告，因为其具有超链接的特点，则可以通过多层级超链接的形式呈现更多详尽的内容。

4. 生动有趣

生动有趣是广告正文创作普遍追求的效果。心理学研究表明，在人的心理活动中，情感是影响人对客观事物的态度及行为的因素之一。当情感因素占主导地位时，就会使人产生或激动、振奋，或反感、抵触的情绪，对人的态度和行为发生迅速作用或强烈影响。因而广告正文既要用概括性的语言来说明购买商品的道理，必要的情况下又可以通过艺术性语言来激发人们的阅读兴趣，以增强广告的感染力和说服力。

5. 富于创新

创新是广告文案创作的最高追求。随着网络的发展，目前人们每天阅读的信息量不断增加，以至于形成信息过载。在这种情况下，人们容易产生阅读疲劳、分辨力下降，对产品的识记能力也会降低。所以，各类广告必须不断创新，以吸引公众的注意力，达到广告传播的预期效果。如果广告文案毫无新意，不能吸引公众阅读，再好的产品也难以打开市场，再多的广告投入也只能是打水漂。因此，广告文案创新是广告业永恒的追求，是广告创意的终极目标，广大广告从业人员务必孜孜以求。

4.4 广告标语

广告标语也被称为广告口号（俗称广告语），它是广告主在一定时期内反复使用的特定宣传语句。一般来说，广告标语是相对稳定的，其功能是让广告受众容易识记和保留印象。

广告标语与广告标题都是广告文案中高度凝练的语句，看似接近，但也有区别。区别主要体现在以下几个方面：第一，时效不同。广告标语相对稳定，几年甚至十几年不变。广告标题则可以根据广告策略以及具体内容的变化而变化。第二，呈现的位置不同。广告标语所放的位置不受约束，可放在版面的任何地方。广告标题一般放在正文的上面，相对来说位置固定。第三，作用不同。广告标语是使消费者建立一种观念、一种消费意识，使它们成为购买商品时的依据。广告标题是广告文案的题目，有概括和引导阅读正文的作用。第四，构成不同。广告标语可以在文案中出现，也可以单独出现（如路牌广告标语）。它要求意义相对完整，概念表达明确。广告标题是广告不可分割的组成部分，它具有依附性，不能单独使用，在表达上不要求完整，一句话、半句话或一个词语都可以。

同步案例4-2

华润怡宝饮用纯净水的广告标语

背景资料：

华润怡宝食品饮料（深圳）有限公司，隶属华润集团属下香港上市公司华润创业有限公司，总部位于深圳市高新技术产业园区（北区），主营怡宝牌系列饮用纯净水。1989年，华润怡宝在国内率先推出纯净水，是国内最早专业化生产包装饮用水的企业之一。

国内饮用水市场竞争激烈，怡宝纯净水面临诸多竞争对手，包括乐百氏、娃哈哈、康师傅、农夫山泉等知名品牌。这些品牌还在各地抢滩登陆建分厂，实施本土化战略，降低成本，强化竞争力。这些对华润怡宝都构成了巨大的压力，如何能让怡宝公司在竞争者众多的饮水行业突围而出，广告的策略是一个至关重要的因素。其中，广告语的设计非常重要。

广告语一：你我的怡宝（依据绿色生态背景或年轻人朝气蓬勃的形象推出）

广告语二：让自然变纯净，让饮水更放心（适配自然环境背景推出）

问题：华润怡宝的上述广告语传递了什么信息？对自己有什么启发？

分析提示：

1. 差异化的广告语设计；

2. 消费者定位的思考；

3. 广告隐含的针对性，如广告语“让自然变纯净，让饮水更放心”被认为是针对农夫山泉“大自然的搬运工”的广告表述而饱受争议。

4.4.1　广告标语的类型

广告标语是广告创意表现的一部分，必须遵从市场的整体策略。比较典型的广告标语通常注重情感态度、价值观念、意志品质、生活品位等精神追求的凝练，也有直述产品功能以及使用方法的。一般可以分为以下几种：

1. 强调宣传广告主理念的标语

这类标语是企业在市场竞争中经营价值观念的反映，是企业文化的高度概括。例如：

格力，掌握核心科技（格力空调广告）

为发烧而生（小米手机广告）

高露洁的目标是：没有蛀牙（高露洁牙膏广告）

2. 强调宣传广告主愿景的广告标语

这类标语是把企业的发展方向以及前景告诉媒体受众。此类标语适用于经营业绩良好的企业，否则就会降低可信度，因为媒体受众对企业的前景并不了解。例如：

让天空更蓝、大地更绿（格力电器公益广告）

同呼吸共奋斗，低碳生活每一天（环保部门公益广告）

爱心无限，成就未来（希望工程广告）

3. 强调宣传广告主或产品技术水平的标语

东阿阿胶广告

这类标语是把产品技术状况以及在同行中所处的地位告诉媒体受众。例如：

5G，快人一步（中国移动 5G 产品广告）

雅迪，中国电动车领军品牌（雅迪电动车广告）

南航 A380，飞翔从此大不同（南方航空广告语）

4. 强调宣传商品特点的标语

这类标语以商品的特点、性能为宣传对象，能有效唤醒消费者的感知，具有强化消费者体验的作用，对功能性产品的消费具有很强的诱导作用。例如：

透心凉，心飞扬（雪碧饮料广告）

妥帖保护，伸展自如（邦迪创可贴广告）

怕上火，喝王老吉（王老吉凉茶饮料广告）

4.4.2 广告标语的形式

本小节讨论的广告标语的形式是指广告标语的写作方法，即表达方式。这里分以下几种进行分析：

1. 建议式标语

这类标语一般运用建议、号召的句式，吸引或鼓动广告受众产生消费欲望，从而强化产品的形象。例如：

喝前摇一摇（农夫果园广告）

肚子不消化，饭后嚼一嚼（江中健胃消食片广告）

买变频，选美的（美的变频空调广告）

2. 颂扬式标语

这类标语是运用直接陈述式的方法，强调宣传商品的质量高、性能好或服务质量好、效率高，使消费者容易识别和记住其优点。例如：

万家乐，乐万家（万家乐电器广告）

健康自信，笑容传中国（佳洁士牙膏广告）

3. 情感式标语

这类标语用幽默、刺激、富于感情、引人联想的词语来表现商品的优点，满足消费者对购买商品的情感需求，促进商品销售。例如：

紧握着妈妈的手（母亲节公益广告）

爱你一生不变（水晶之恋果冻广告）

给家人一个家（某地产广告）

公牛插座广告语

拓展阅读4-4

标题式广告标语

标题式广告标语是指标题与广告标语合二为一的一种广告表达形式。广告的形式多种多样，随着媒体、介质以及广告平台的不同，广告标语的形式也会发生变化。随着不同的表现手段以及不同的呈现方式，经常会出现广告标题与广告标语合二为一的形式，称为标题式广告标语。

第一种情况是内容比较简单的招贴广告和悬挂式条幅广告。例如：

要致富，先修路（政府公益性广告）

中国移动手机卡，一边耕田一边打（中国移动农村条幅广告）

投奔泰康、齐奔小康（泰康人寿广告）

第二种情况是广告对象的知名度较高，而有关主要信息已经通过图表等非文字信息表达且容易识记，广告对文字表述的依赖性降低，就会出现标题式广告标语。例如，喜之郎果冻广告“果冻我就爱喜之郎”。

第三种情况是互联网条幅广告，也叫旗帜式广告或旗标式广告。这类广告因为具有超链接的特性，详尽内容不需要一次性展示，标题或广告语起引导延伸阅读的作用，经常会出现标题式广告标语。例如，金典有机纯牛奶与新浪微博共同发起的旅游活动广告，“百条线路任你选”。

4.4.3　广告标语的写作要求

广告标语通常都是一句话，虽然简短，却高度凝练，因而也是最显广告文案创作功力的部分。广告标语不仅仅是一则广告的亮点，也是牵动一个企业或系列产品的灵魂，因而广告标语的创作，不仅仅要凝结广告主的思想与诉求，还要有创作者的灵感，绝非一己之力和一日之功能够完成。但是对于普通文案作者来说，创作广告标语也是有规律可循的，大体上要做到以下几点：

1. 要简洁精练，通俗易记

广告标语一定要简洁精练，通俗易记，这样受众才能记得住。尤其是对电视、广播广告，语音稍纵即逝，语句长则记不住，不通俗则听不懂。例如：

中国好宽带，电信我信赖（中国电信农村墙面广告）

徐工徐工，路路畅通（徐工集团广告）

立足中国，耕耘天下（雷沃欧豹拖拉机广告）

2. 要亲切自然，生动有趣

广告标语如果能做到亲切自然、生动有趣，则一方面可以调动受众的情感参与引起共鸣，另一方面可以借助人追求新奇的心理提升传播的效果。一般来说，可借用人们生活中的日常用语、方言、俚语等。例如：

默默无蚊（默默无闻的谐音）（百雀羚驱蚊露广告）

路遥知马力，动力芯升级（东风小康面包车广告）

3. 要节奏明快，富于韵味

广告标语如能做到节奏明快、富于韵味，则容易被识读、传颂，对广告传播大有裨益。例如：

福气多多，满意多多（福满多方便面广告）

只溶在口，不溶在手（M&M巧克力广告）

4. 要善于创新，独具特色

广告标语的创作最终是要吸引公众、传播品牌、引导消费的，所以说广告标语追求新、奇、特是不过分的。引人注目甚至产生轰动效应，永远是广告文案作者的最高追求，因此广告标语的凝练必须匠心独运，追求特色。例如：

拥有桑塔纳，走遍天下都不怕（上海大众汽车广告）

一山一世界，一水一人生（万科麓湖别墅房产广告）

小试牛刀4-1：企业广告的诊断

[实训目标]

提高学生对广告文案创作的针对性的把握能力；

帮助学生提高公平竞争意识，自觉维护社会道德风尚。

[实训内容]

（1）结合同步案例4-1，分析华润怡宝纯净水“让自然变纯净，让饮水更放心”暗含的针对性策略；

（2）通过网络查找关于怡宝纯净水与农夫山泉矿泉水在广告宣传方面纠纷的资料，分析华润怡宝纯净水在广告宣传纠纷中可能面临的道德风险。

[实训操作]

（1）学生组成若干调研团队；

（2）了解饮料行业尤其是饮用水市场分布状况及竞争态势；

（3）站在华润怡宝纯净水的立场上进行SWOT分析，了解华润怡宝面临的市场机遇和采取的竞争策略以及相应的广告策略；

（4）分析华润怡宝纯净水广告语“让自然变纯净，让饮水更放心”暗含的针对性策略，并查找华润怡宝纯净水影射农夫山泉矿泉水的证据；

（5）分小组写出报告，重点分析“让自然变纯净，让饮水更放心”广告语的优点与风险；

（6）由团队推举成员代表团队进行口头报告并接受质询。

[成果要求]

（1）团队为单位提交《华润怡宝纯净水广告语调研报告》，不少于1 500字。

（2）团队成员代表在课堂进行口头汇报并接受现场质询。

同步训练

一、单项选择题

1. 广告中的语言文字属于（　　）。

A. 广告文案　　B. 广告标题

C. 广告正文　　D. 广告标语

2. 杂志广告中，最引人注意的是（　　）。

A. 标题　　B. 正文

C. 广告语　　D. 产品

3. 美的冰箱广告语“爱她，就给她新鲜的”属于（　　）。

A. 标题　　B. 正文

C. 广告语　　D. 产品

4. “果冻我要喜之郎”（喜之郎果冻广告）属于（　　）广告标语。

A. 陈述式　　B. 询问式

C. 祈使式　　D. 允诺式

二、多项选择题

1. 以下属于广告标题的类型有（　　　）。

A. 间接标题　　B. 直接标题
C. 复合标题　　D. 偶合标题
E. 开放式标题

2. 报纸广告文字的结构有（　　）。
A. 标题　　B. 副标题
C. 正文　　D. 落款
E. 脚本

3. 广告正文写作要求有（　　）。
A. 重点突出　　B. 真实可靠
C. 简明通俗　　D. 生动有趣
E. 富有创新

4. 广告标语的形式有（　　）。
A. 号召式　　B. 颂扬式
C. 标题式　　D. 情感式
E. 创新式

三、判断题

1. “没有蛀牙——佳洁士”（牙膏广告）是强调产品特点的标语。（　　）
2. “喝前摇一摇”（果汁饮料广告）是抒情式标语。（　　）
3. 标题和标语是同一概念。（　　）

四、简答题

1. 什么是广告文案？
2. 广告标题的形式有哪些？
3. 谈谈你对广告的雅与俗的认识。
4. 简述广告正文有哪些写作要求。
5. 举出你所了解的两则广告标语，并分析它们的特点或优势。

技能训练

实训项目　广告文案写作

一、实训目标

通过广告文案写作实训，学生应该能够做到在认真分析广告产品（服务）和广告受众行为特征的基础上撰写广告标题、广告正文、广告标语，提高对广告文案的创作能力。

二、背景资料

云南白药牙膏确定的广告战略是用非常有个性和创意的广告语来吸引年轻人的兴趣，在他们心中留下深刻的印象，并改变部分消费者的使用习惯；用独特的包装刺激消费者产生购买兴趣，从而改变部分消费者的消费选择，扩大销售范围；通过促销活动使部分消费者形成新的购买习惯。

经过市场调查，发现销售对象主要是年轻人，因此广告对象是年轻人。因为家庭条件和教育水平的提高，年轻人都很赶潮流，都爱模仿明星和名人。广告投放的主要地区在发达的城市，如广州、深圳、上海、北京等；另外，在各省会以及一些中等发达城市也需要一定的投放。

广告预期的效果是达到宣扬云南白药公司的品牌形象，为云南白药牙膏的销售做宣传；使云南白药的品牌更响亮，使云南白药公司的销售额有一个飞跃；使云南白药牙膏在我国的市场地位更加稳固；使云南白药牙膏得到消费者的认可，并且使消费者能长期购买该产品。

请针对年轻人群体为云南白药完成广告文案创作。

三、实训要求

1. 收集背景材料中所列的广告产品的资料，开展 SWOT 分析，着重分析其在牙膏市场上的份额与地位。

2. 明确广告受众——大学生群体，分析消费行为特征。

3. 要求广告文案新颖独特、语言精练，能吸引人，激发兴趣。

4. 要求完成 5 个不同类型的广告标题，然后从中择优。

5. 要求完成 3 篇长文案的广告正文，字数在 200 字以上。其中一篇要求是故事型，一篇为产品剖析型，另一篇不限形式，自由发挥。

6. 要求完成 5 个不同创作技巧的广告标语。

四、实训步骤

1. 收集背景材料中所列的产品基本资料，分析其在牙膏市场的份额与地位，以及该产品的优缺点。

2. 明确广告的受众，分析该目标受众的消费行为特征。

3. 根据背景材料中产品特点和目标受众特点创作广告文案。

（1）完成 5 个不同创作方式的广告标题创作。创作要求：表明广告宗旨；引起兴趣，诱读正文。

① 新闻式：(　　)

② 提问式：(　　)

③ 颂扬式：(　　)

④ 抒情式：(　　)

⑤ 号召式：(　　)

（2）完成3个不同类型的广告正文，字数在200字以上。其中第一篇要求是故事型，第二篇为产品剖析型，第三篇不限形式，自由发挥。

（3）完成5个不同创作技巧的广告标语；类型不限，但是在每个标语完成后，要备注该标语的类型。

（4）在完成不同创意的广告标题、广告正文和广告标语后，小组成员讨论已完成作品，从中择优，完成一份完整的、系统的、可行的广告文案作品，尝试为云南白药牙膏解决广告文案创作的问题。

4. 团队项目实训小结分享。

团队项目实训小结分享格式如下。

团队实训内容

广告文案写作实训小结分享 团队名称： （正文）
其他说明：

修改并完善以上内容后，以团队为单位，以组长为主发言人，其他人可补充，每组发言时间为5~8分钟。

教师总结点评，其他团队随机点评。

五、实训成果

1. 能够完成广告文案中不同类型的广告标题、广告正文、广告标语的创作；

2. 能够结合企业产品特点和受众特点完成一份新颖、独特的广告文案作品。

能力测评

专业能力自评

	能/否	任务名称
通过学习本章，你		提高对广告文案创作思考工具的把握能力
		掌握广告标题及广告标语创作的基本要领并完成创作任务
		获得广告文案的设计过程的经验，了解广告文案创作流程，具备基本的广告文案设计能力
通过学习本章，你还		

核心能力自评

	核心能力	是否提高
通过学习本章，你的	信息获取能力	
	书面表达能力	
	解决问题能力	
	团队合作精神	
通过学习本章，你的广告职业素养	广告思维的敏感度	
	广告行业的责任意识	
	了解文案创作基本流程的能力	
自评人（签名）：　　年　月　日		教师（签名）：　　年　月　日

注："是否提高"一栏可填写"明显提高""有所提高""没有提高"。

第5章　广告媒体

【学习目标】

通过本章学习，应该达到以下目标：

- 知识目标：

学习和把握广告媒体的基本概念，认识广告媒体的分类和主要品种，明确广告媒体的现状、广告媒体的发展及其趋势。

- 技能目标：

分析和把握不同广告媒体的功能、特征和传媒效应，按照行业、产品和目标受众能够选择合适的广告媒体，并对不同媒体的制作材料、制作过程和发布环节有所调研。培养学生进行媒体地区分布和时段分布设计，并能独立进行简单POP媒体的制作和展示的能力。

- 素养目标：

培养学生的社会责任意识，增强学习者对广告职业道德和社会功能的认知，树立职业使命和职业敬畏感。

【内容结构】

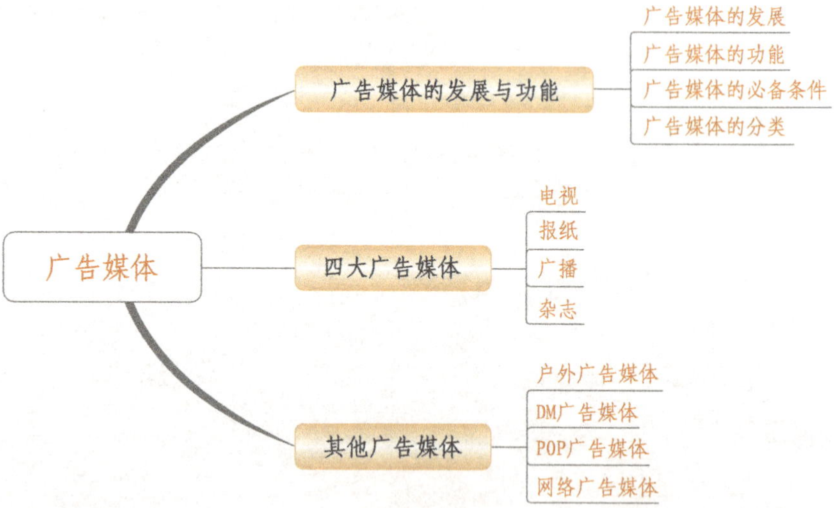

引例 首都机场旅游媒体专业服务商——国发众诚

北京国发众诚文化信息有限公司（以下简称国发众诚）是首都国际机场旗下、唯一覆盖首都国际机场三个航站楼到达大厅所有人群的大型综合性旅游专业广告媒体服务商。公司的独特优势是，独家运营首都国际机场T1、T2、T3号航站楼到达层9个旅游咨询台的专业旅游媒体资源。在9个旅游咨询台设有9块LED显示屏，每天不少于2 000次同步循环播放各地旅游形象宣传片（见图5–1），同时由机场工作人员免费派发宣传资料，并提供全天候人工咨询服务，将宣传投放到首都机场三个航站楼9 000多万高端乘机旅客和3 000万接机人群中。

图5–1　国发众诚宣传片截图

自2007年4月成立以来，公司始终秉承诚信经营、精细服务、合作共赢的理念，依托首都机场得天独厚的品牌优势及旅游媒体位置专区，致力于为客户打造优秀品牌形象，推动品牌价值提升。多年来，公司凭借丰富的市场运作经验，依靠国际化创意、设计、制作团队，运用当代先进媒体技术，以专业化、精细化、全方位资源优势和服务水准，面向汇聚大量顶级品牌客户及稳定的高端受众群体资源向世界推广各地旅游形象和产品营销。近年来，公司为全国20多家省、市旅游部门和旅游景区，提供全年全天候旅游宣传推广服务。其所服务的地方和部门包括广东省、湖北省、湖南省、江苏省、甘肃省、新疆维吾尔自治区、重庆市、天津市、北京市等的旅游局，以及张家界、云台山、丹霞山、江郎山等世界自然文化遗产景区和5A级精品景区。一直以来，公司在为客户塑造国际化品牌形象、提升品牌国际影响力与美誉度方面，不断积累丰富的成功经验，其精细化超值服务赢得了客户的一致赞誉。

思考：

1. 你是否细心留意过机场旅游广告媒体服务商？能否获得旅游广告媒体服务商的公司信息？

2. 你认为国发众诚的战略合作伙伴选择的科学性如何？

3. 除了国发众诚，你还知道哪些我国机场旅游广告媒体服务商？

5.1 广告媒体的发展与功能

广告媒体

广告媒体是用于向公众发布广告的传播载体，是指传播商品或服务等信息所运用的物质与技术手段。广告媒体作为广告信息传播的载体，是广告信息和广告受众之间的物质中介，也是生产者和消费者之间的桥梁。

广告媒体的外延可以有广义和狭义之分。广义的广告媒体是社会人文和政治经济活动的产物，它包括能在广告主和广告对象之间承担中介作用的一切物质载体，甚至精神观念的象征。广义的广告媒体有数百种。狭义的广告媒体往往带有鲜明的商务和社会公益事业的烙印，其付费和经济补偿、成本和利润具有配比关系，而且归于同一广告主体。

5.1.1 广告媒体的发展

1. 古代媒体

古代常见的广告媒体极其质朴、简陋。主要有叫卖广告（卖主呐喊）、音响广告（笛子、箫管等乐器吹奏）、招牌、幌子、旗帜广告等。这些广告媒体，承载的信息量小，传递的范围窄，广告效果十分有限。造纸术的发明使广告媒体材料开始发生第一次质的飞跃，使纸成为常见的广告媒体材料。图 5-2 为古代商业广告。

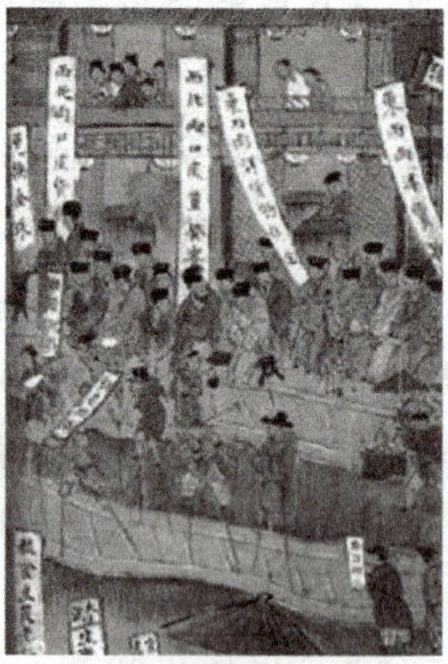

图 5-2　古代商业广告

中古以后常见的广告媒体在原来的材质上更加讲究艺术效果和品牌效应，书画装裱达到极高的境界。广告媒体所承载的信息量大，传递的范围广，广告效果较佳。北宋毕昇发明了活字印刷术。活字印刷术的应用使广告媒体技术开始发生第一次质的飞跃，出现了早期的报纸、杂志、图书、楹联、日历等印刷媒体。图 5-3 为古代医药广告。

图 5-3　古代医药广告

2. 近现代媒体

1920 年，无线电广播正式问世，带来了广告业的飞跃发展。而在此以前的几十年内，人们只是通过印刷物来传播广告信息。1940 年，电视机问世后，广告更是进入一个新的境界，广告的信息传播更加广泛。与此同时，印刷技术的改进，特别是彩色印刷的出现，也使广告业得以进一步发展。图 5-4 为美的空调广告单页。21 世纪，人类社会又迎来了以微电子技术和互联网技术为主要推动力的信息时代。

图 5-4　美的空调广告单页

今天，报纸、杂志等印刷媒体的普及，广播、电视、电子显示屏等电子传播工具的应用，特别是互联网等新广告媒体的兴起，使得现代广告媒体在现代材料科学、光电科学、印刷科技等自然科学和摄影、绘画、音乐等人文艺术的支撑下影响着我们的生活、思维等各个方面。而那些早期的广告媒体如招牌、幌子、旗帜等，如今也应用自然科学的新成就，纷纷以新的形式——擎天柱、大型看牌、大型三面翻（见图 5-5）、LED（见图 5-6）、霓虹灯、候车亭灯箱、灯杆灯箱、室内灯箱、个性橱窗等展示在人们面前。更有 DM 广告、POP 广告、黄页广告、公交广告、文体会展、“景观墙” 等广告媒体形式另辟蹊径，为传播广告信息开辟了广阔的天地。

图 5-5　三面翻广告牌

图 5-6 LED 广告大屏

5.1.2 广告媒体的功能

1. 传播功能

传播功能是广告媒体的基本功能。现代广告媒体广泛应用了现代材料科学、光电科学、印刷科技等自然科学的成就，所记载的社会经济信息借助于物理的声学、光学、电学的原理强烈地刺激着人们的感官。人们看到的、听到的、谈到的、用到的物品都留下了广告的痕迹。随着摄影、绘画、音乐等人文艺术的发展，广告媒体所传播的内容已经融入一个民族的文化、思想和精神领域。这种传播发挥着在点、线、面、图文等方面融会贯通的信息传播效应，影响诸多领域。广告发布者经由媒体调查、媒体购买、媒体组合、媒体服务和媒体评价等活动，适时适地地发布广告信息，使人们能够看到、听到广告信息内容，进而了解广告信息的详情，产生消费欲望，发生购买、体验、休闲、观光等行为。

2. 吸引功能

现代社会，大众媒体往往在传播大量政治、经济、文化等各方面信息或是提供娱乐、教育等特定内容的同时，夹杂传播广告信息。广告媒体往往融声、融形于社会新闻、财经商贸、教育科技、餐饮娱乐、体育休闲、美容健身、旅游度假、气象地理等信息知识之中；用情用心于动漫、游戏、美图、贺卡、邮件、房产、家居、汽车、手机、星座等时尚生活之中；绘声绘色于心情、爱情、亲情、友情等情感世界之中；不时还夹杂在征婚交友、出国留学、会议展览等信息之中。广告媒体往往能够形成一定的特色和吸引力，进而吸引特定的受众。而广告信息借助适当的广告媒体，就可以有效地提高信息的吸引力。广告媒体促成不同消费指向群体的同时关注，具有受众群体交互感染性、反复性和延伸性的效应，压缩了人与人之间的情感距离，能够促使消费人群最快速度地对广告产生共鸣。

3. 适应功能

广告媒体种类繁多，可以适应广告信息传播的不同要求，满足不同的广告策略和广告目标。不同的广告信息在创意诉求、广告预算、广告目标、广告活动的范围、广告活动的目标受众、广告活动的周期等多方面存在不同，进而产生对广告媒体的不同要求。广告媒体既可以针对不同的人口、年龄、性别、文化、社会职业等消费阶层，也可以针对不同的行业、部门、社会团体等消费类型。广告媒体依托自身商务平台向社会市场延伸，满足媒体、广告公司与广告主三方的商务交流与合作。广告媒体具有高度灵活的适应能力、受众群体层面的综合性和针对性，充分地满足了传递相应广告信息的特定需要，可以更好地提升广告传播效果。

5.1.3 广告媒体的必备条件

1. 能够承载信息

广告媒体必须能够展现或者承载广告主所要传播的广告信息。承载信息的媒体由于特定的材料和特殊的技术而各具特色。新的材料增强了广告的视觉和听觉冲击力。新的技术使广告更加具有专业品位。电学、声学、光学、化学等自然科学知识有利于媒体对所承载信息的表现。心理预测技术、排版印刷技术、影像处理技术、远程数据通信技术、多媒体技术和网络技术更能迎合和引领社会公众的审美情趣。

2. 具有流动性

媒体的流动性具有媒体内容流动、媒体实体流动和媒体受众流动三重含义。报纸每天送进千家万户，杂志也是按期发行，而且内容不断更新。广播、电视通过电波传到万里之外，而直邮广告被邮政人员投递到目标人群手中。大量广告信息的传播在媒体的流动过程中完成。广告媒体的另一种流动形式是相对流动。如擎天柱、大型看牌、霓虹灯、橱窗等形式的媒体是固定不动的，但是它们设立在人口密集区域或者人流密集地区，每天有川流不息的人群经过，可以吸引他们的注意。

3. 信息可以复制

广告的冲击波具有一轮又一轮的波动效应。随着时间的推移，经典广告还具有年轮或者晕轮效应。广告主绝不会满足于一对一的单环节信息传播。他们要求广告媒体自身应该具备复制信息的能力，通过一次传播和多次重复、多次波动把广告信息传递给许多受众。哪一种媒体的复制功能强烈，它便是主打媒体。例如，传媒领域迅速崛起的电子文化传媒，使广告传播在适应社会转型中，拓展出了新的生长空间，视野更加开阔，形式更为多样；人们的广告观念、广告主题开拓、广告叙事方法以及对广告的阅读方式等多个方面都产生了新的变化，有了新的发展。新媒体以其自身独到的信息复制功能已开始影响着人类的生活，也影响了广告的创作与审美重构。

5.1.4 广告媒体的分类

案例
豪马克贺卡：整合消费者营销

随着科学技术的进步和人们物质文化生活水平的日益提高，我国广告媒体的种类、特点、适应性、影响力、覆盖率、受众层次构成等各方面均得到了量的扩张和质的飞跃。我国广告媒体正朝着电子化、现代化和艺术空间化的方向发展。当今广告媒体的总体格局是：传统媒体重新排序，顺序为电视、报纸、广播、杂志；新生媒体（网络、DM、POP、黄页等）另辟蹊径；古老媒体改头换面；电视、擎天柱、大型看牌、大型三面翻媒体各领风骚。目前广义广告媒体有数百种，狭义的有表 5-1 所列的数十种。

表 5-1 广告媒体一览表

媒体接触方式	广告媒体品种
电子物理方式	电视、网络媒体、电子显示屏、霓虹灯、候车亭灯箱、灯杆灯箱、室内灯箱、广播、电影、投影、录像、电话、传真
图文印刷方式	报纸、杂志、DM、电话簿黄页、画册、列车时刻表、票证、标签、商品目录、商品说明书、宣传小册子、彩页、明信片、海报、招贴、台历
光色展示方式	擎天柱、大型看牌、大型三面翻、POP、大型样本模型及陈列、个性橱窗、候车亭广告箱、路灯杆广告箱、室内广告箱、广场公园雕塑造型、公交车厢（站）、文体会展、景观墙、门面、活人展示、招牌、幌子、旗帜、气球、飞艇、飞机、书法、专用广告车
其他连带方式	手提袋、购物袋、包装纸、餐巾纸、实物馈赠、火柴盒、打火机

针对诸多的广告媒体，还可以按照不同的标志进行分类。

1. 按照媒体出现的历史序列划分为传统媒体、现代媒体、先导媒体

商场 POP 广告

传统媒体主要指电视、报纸、广播、杂志这四大媒体和大型看牌、灯箱、商店橱窗等；现代媒体主要指擎天柱、电子显示屏、大型三面翻、DM、POP、霓虹灯等；先导媒体主要指网络媒体、文体会展、黄页、公交车、景观墙等。

2. 按照媒体的物理属性划分为印刷媒体、电波媒体、感光媒体、光敏媒体

印刷媒体

印刷媒体是经由印刷工艺实施的媒体，如报纸、杂志、招贴、样本说明、企业手册、购物指南、提袋、商品包装、展销会刊等。电波媒体是以电波为载体的媒体形式，如电视、广播等。感光媒体是以感光材料为信息传播载体的媒体，如电影胶片、幻灯胶片及照片等。光敏媒体是以光电效能实现传播的媒体

形式，如电子显示屏及激光、光导纤维等。

3. 按照媒体的传播周期划分为长时效媒体和暂时效媒体

长时效媒体广告暴露时间长，可持续数月乃至数年。一般具有固定位置，也就是那些具有相对流动性的自营媒体多属于长效媒体，如路牌、霓虹灯等。暂时效媒体传播周期短，一般为数天或数十天不等，如广播、电视、报纸、杂志等，通常比较适宜那些时令性强的广告。

同步案例5-1

列车电视助力品牌传播

背景资料：

2018年8月31日，广铁集团2018年铁路暑运落下帷幕。62天暑运期间，广铁集团共计发送旅客9 280万人，同比增加1 280万人次。同期的列车电视助力品牌传播，如图5-7所示。

图5-7 广铁暑运高峰 列车电视助力品牌传播

据中新网报道，暑运期间，学生客流、旅游客流、探亲客流、商务客流四大客流叠加，构成暑运出行的主力。为应对暑运客流高峰，满足旅客出行需求，广铁集团在京广（粤湘段）高铁、广深港高铁、广珠城际、杭深线、广深城际、厦深铁路、海南东环等高铁和城际铁路实行高峰列车运行图，加开动车组列车以及组织动车组重联。

如此井喷式的客运高峰，为广铁集团高铁电视媒体的传播带来了绝佳的宣传效果。高铁列车电视媒体以无可回避的视觉冲击力及创新数字化电子屏，令品牌传播在列车内实现动静结合，达到传播最佳效果，列车日运行12小时以上，全天候、高密度轮播助力品牌传播，以席卷之势达到无可比拟的宣传效果。

华铁传媒独揽广铁集团京广高铁、武广高铁、广深港高铁、广郑西高铁、沪深高铁、厦深高铁以及广深城际列车的所有高铁电视媒体资源，直接覆盖华南、华东、华中、华北、西北、东南沿海等经济发达地区，将北京、上海、广州、深圳、厦门、福州、温州、宁波、杭州、长沙、桂林、武汉、石家庄、郑州、西安、太原等串联成线，构建横跨东、西、南、北高铁电视网络。华铁传媒成功与企业共同携手，打造暑运高峰期的品牌传播热潮。

资料来源：根据华铁传媒、中国新闻网等资料整理。

问题：

1. 你是否留意过列车的电视广告？能发现发布广告的传媒商的信息吗？

2. 你对华铁传媒的发展经历以及企业成果是否有所了解？除了华铁传媒，你还知道我国哪些铁路媒体运营商？

分析提示：参考有关文献，上网查阅相关资料。

5.2 四大广告媒体

电视、报纸、广播、杂志这四种大众传播媒体一直充当着主流广告媒体的角色。从19世纪开始，它们广泛地应用于商业活动，大大拓展了广告的功能和价值，从而成为广告媒体的“四大天王”。对于广告从业者来说，熟悉四大媒体的特性，了解四大媒体的优势与缺陷，是进行广告策划活动的基础。

5.2.1 电视

电视广告媒体

电视作为科技的产物诞生于英国，20世纪50年代在发达国家普及。1979年1月28日上海电视台播出了第一条电视广告，揭开了我国电视广告发展的序幕。电视广告是一种以电视为媒体的广告，是电子广告的一种形式。它是兼有视听效果并运用了语言、声音、文字、形象、动作、表演等综合手段进行传播的信息传播方式。电视广告通常用来宣传商品、服务、组织、概念等。大部分电视广告由专业的广告影视公司制作，然后购买电视台的播放时间段落。电视广告的时间长度通常在15秒至30秒，也有长达10分钟的电视广告，以及长达整个节目时段的资讯型广告，又称电视购物。各式各样的产品皆能经由电视广告进行宣传。如图5–8所示。

1. 电视媒体三要素

电视媒体借以表现广告信息的基本要素包括图像（Video）、声音（Audio）和时间（Time）。图像，即呈现在电视屏幕上的影像。它是具体、动态的景物形状与颜色的影像，是摄像机或摄影机拍摄下来，再通过电视机还原的一种幻

图5-8　汽车电视广告

像。图像是电视媒体的构成要素，具有生动、直观、具体等特点，往往一个镜头就可以提供综合多样的视觉信息。声音是声波通过电视机还原的结果，是各种声音信息的再现。声音与图像配合，向观众提供丰富的信息，具有很强的表现力和真实感。电视媒体的广告时间有三重含义：一是指广告的实际长度；二是指电视广告的表现时间；三是指电视广告观众的心理感受时间。

2. 电视在广告传播中的优势

（1）电视是具有动画影像、逼真音响、艳丽色彩的电子媒体。电视是视听合一的媒体，既能听，又能看，能直观、生动、形象地传达信息。优美的音乐、生动的形象和丰富多彩的节目形态富有高度的欣赏性和强烈的感染力。电视广告声形兼备，可以突出展现商品个性，如外观、内部结构、使用方法、效果等。既能展示商品，又能配以解说词。电视广告不但可以介绍商品性能、质量、制作特点、使用方法，而且能现场演示操作，形式多样，生动活泼。

（2）电视信号覆盖范围广，收视率高，受众范围广泛，层次多样。电视由于信号技术上的优势可以实现广泛范围内的传播。电视信号的覆盖面决定收视率。电视广告能为一般日用品及耐用消费品的销售在广泛范围内打开市场。无论城市、农村，几乎每个家庭都拥有一台电视机。一台电视机可供所有家庭成员共同观赏，受众范围较广，受众的总体数量相当可观。可以说，电视大众性强，可以涵盖各个层次的受众，小至学龄前儿童，大至白发老人均可从电视中找到他们喜爱的节目和插播广告，他们都可能是广告信息传达的目标受众。

（3）电视的时效性强，不受时空限制，现场直播适合展现形象、现场、过程。对于很多重大经济事件、商务活动、文体赛事等采取现场直播的方式，将大量观众吸引到电视机前面。电视广告的时段可以预先设定，广告长度（秒）和播出时间（次数）可以进行科学计划。在现场直播的节目前、中、后插播广告，无论针对性和到达率都较佳。

（4）电视的表现力、吸引力、渗透性强。电视广告的表现力最为强烈，诉求力直逼心情、爱情、亲情、友情，以情动人，借助社会伦理道德和社会舆论，抓住主流文化，引领时代风尚。电视节目的内容与受众之间具有当面交流的亲切感，受众基本上不存在抗拒心理，信息比较容易被接收。电视广告投放形式灵活，内容的选择性比较强，因此能够提高广告效果。

3. 电视在广告传播中的缺陷

（1）时间紧促，短时间内传递的信息量有限而且稍纵即逝。电视节目严格按时间表进行。结束的时间一到，节目即告终止，一次性地播送内容难以给观众留下清晰而深刻的印象。电视广告以秒作为计时单位，一则电视广告的长度多为 30 秒、15 秒和 5 秒。在短时间内能传达的信息量肯定是有限的，无法提供大量而全面的关于产品的信息，因而在播放次数上和对广告内容的详细解释上都形成限制，观众稍不注意就会被忽略。必须靠反复重播来加强记忆，加深印象，而这样又会导致播出成本的上升。

（2）制作成本及播出费用高昂。电视广告片的设计很专业，制作周期比较长，制作过程中需要的人力、物力都比较多。演员、道具、场景安排等都得花一大笔投资，摄制费用高昂，整个制作成本比较高。由于电视广告比较受企业主和广告公司的青睐，广告时段尤其是黄金广告时段总处于供不应求的状况，电视广告的播出费用也相当高昂。晚间收看电视人数最多的时间称为黄金时间，播出费用更高。高昂的费用促使广告主和广告公司要有效利用时间。

电视广告

（3）观众的自主选择性差，难免跳跃换台。自主选择性差主要是针对广告而言，因为节目的播出内容一般是有规律可以依循并且会有相应的节目预告，但是广告的播出内容是不断变化的，所以，受众无法选择他们感兴趣的广告，有针对性地进行收看。近几年频道资源大大丰富，观众凭遥控器就可以实现在众多频道之间的自由转换。跳跃换台是有线电视和无线电视的共同缺陷，包括观众换台或跳过广告。频道转换多发生在广告时段，这影响了广告信息的有效传递和接收。

5.2.2 报纸

世界上最早的报纸是中国汉代的《邸报》。早期的报纸内容比较严肃，经营也缺乏灵活性。19 世纪 30 年代以后，出现了大众化的报纸，报道内容以社会新闻和商业信息为主，售价低廉，发行方式灵活，以广告收入作为主要经济来源。廉价报纸的出现使得报纸的发行量迅猛增加，报纸在民众中大量普及，广为流传，广告信息也随之深入社会的各个角落，报纸广告的作用备受商家青睐。报纸广告是指刊登在报纸上的广告。报纸广告以文字和图画为主要视觉刺激，不像其他广告媒介，如电视广告等受到时间的限制。报纸广告可以反复阅读，便于保存。

1. 报纸媒体要素

报纸媒体借以表现广告信息的基本要素，包括信誉、版面、印刷和发行。信誉是指这家报纸是否严肃公正，是否在读者中具有权威性和信任感。一般而言，全国性报纸比地方性报纸信誉度高。版面是指适宜刊登广告的位置，可以用图文的形式进行科学布局和编辑设计。印刷水平对报纸广告的影响也是很大的，印刷水平高的报社印出来的报纸清晰、整洁、精致，可以增进读者的阅读兴趣。发行是指报纸发行量、发行范围、发行对象等内容。报纸的发行量和发行范围直接关系到广告宣传所产生的广告效果及广告宣传的影响面。

2. 报纸在广告传播中的优势

（1）版面编辑方面。报纸的版面大，篇幅多，编排灵活，可供广告主充分地进行选择和利用。报纸由于编排灵活，对广告改稿或换稿都比较方便。广告稿一般在报社开机印报前或在制版前送到报社，即可对发现有错的广告进行更改或撤换。

（2）内容信誉方面。报纸的新闻性、报道性和准确可信度，是其他媒体无法比拟的。报纸上所刊载的消息，具有说服性和记录性。报纸具有保存价值，其内容无阅读速度的限制。读者可以快速阅读，一翻而过，也可以细细品味，甚至加以剪存。

（3）印刷方面。印刷精细的广告可以把商品和服务的特点逼真地反映出来，尤其是彩印报纸，更能增强广告效果。清晰、整洁的印刷画面对读者具有情感上的影响力。同时，由于画面逼真，因而能对消费者产生强烈的劝诱力，刺激其购买欲望。

（4）发行方面。发行面广，投递迅速、准确。每份报纸都有自己的发行网和发行对象，报纸印出之后能够迅速地通过邮电部门或自行投递到读者手中。读者群比较明确而稳定。当前很多综合性报纸在不同日期推出报道不同内容的专版，如汽车版、房地产版、金融版等，使广告发布活动更加有的放矢。报纸具有准确的时效性。由于报纸是出版频率高和定时出版的刊物，因此，信息的传递准确而及时。尤其对于时效性要求强的广告宣传，报纸的这一特点是很有价值的。

3. 报纸在广告传播中的缺陷

（1）广告效果经常会受到版面、印刷质量等因素的限制。鉴于报纸纸质及印制工艺上的原因，报纸广告中的商品外观形象和款式、色彩不能理想地反映出来。广告的注意率与其所占的版面大小有关。一般情况下，广告所占版面越小，被注意率就越小。而一些印刷质量粗糙的广告更是难以引起消费者的注意，也不利于产品或企业形象的树立。

（2）报纸的反复阅读性差。在发行方面，由于出报频繁，每张报纸发挥的时效性都很短，很多读者在翻阅一遍之后即顺手弃置一边。而且由于顺时接替，前一天的报纸在当天即成历史，再发挥广告效果的机会不多。在编辑方面，由于受版面限制，经常造成同一版面的广告拥挤，影响读者的阅读。在内容方面，由于现代社会的人生活节奏都很快，无法对报纸进行详细阅读，造成广告浪费。

5.2.3 广播

广播是通过无线电波或金属导线，用电波向大众传播信息、提供服务和娱乐的大众传播媒体。20 世纪 30 年代，广播在世界各国迅速发展起来，广告业务部分或全部地转向广播电台。近年来，随着电视的日益普及，广播对大众的吸引力有所下降，但地方交通广播台已成为目前吸引听众的一种传播媒体形式。广播电台如图 5-9 所示。

图 5-9 广播电台

娃哈哈的广播广告

1. 广播媒体三要素

广播媒体借以表现广告信息的基本要素包括语言、音乐音响和时段，尤以语言为主体，反映商品的具体信息。广播广告的效果很大程度上依赖于听众的理解力。广播广告要求语言清晰、明了，准确地表达广告内容，对商标品名、生产厂商及销售点地址、电话等重要内容的播音速度应稍慢，并适当加以重复，以增强听觉效果。此外，要求语言中肯、自然，切忌装腔作势和不着边际的吹捧。音乐音响是活跃听众情绪的必需要素。广播时间分为五个时段：6:00—10:00（早班车）；10:00—15:00（日间）；15:00—19:00（下午车或晚班车）；19:00—午夜（夜间）；午夜—6:00（深夜）。收视率调查公司一般只对前四个时段的受众进行测定，因为深夜节目的听众非常有限，竞争也不激烈。电台根据时段来制定收费标准。

2. 广播在广告传播中的优势

（1）广播传播的抗拒性小，周期短，可重复性强，传播的灵活性较大。广播主要靠声音传播，诉诸听觉，受众可以边做别的事情边听广播。便携式收音机的出现更使随时随地收听成为可能，信息比较容易传送和被接收。广播广告的播出周期比较短，一天之内可以重播几次，没有印刷媒体印刷周期的局限。此外，广播广告的播出时间也比较灵活，可以在正式节目播出之前、之后、中间插播，而且可以在不同的时段、不同的版块栏目里反复重播。

（2）广播传播的速度快，时效性强，传播范围广泛，不受时间和空间的限制。广播在四大媒体中率先突破时空限制。无线电广播具有传播速度最快、传播范围最广、不受时空限制的特点。广播以电波作为载体，声音的传送和接收几乎是同步进行的，时效性非常强。同时，电波的传送不受中间物质的阻碍，只要有接收设备，就能接收到信息。

（3）广播节目内容丰富，受众层次多样。广播播音员声音悦耳，这可以使人们产生娱乐情感。广播每天都有十几个小时的节目，可供传播的信息容量大，选择余地宽松。电台对观众需求有较强的适应性，可以制作出内容丰富的节目，既有新闻性节目，又有信息类节目；既有教育性节目，又有娱乐性节目；既有嘉宾访谈，又有听众的直接参与，可吸引不同类型的受众。

（4）广播广告的制作成本和播出费用相对低廉。广播广告的制作过程比较简单，成本低廉。广播广告文案（独白或对白）、音乐、音效的录制过程都比较简单，所耗费的人力、物力也比较少。从国外调查资料看，一般广播广告的费用只是电视广告的四分之一左右，依据具体情况不同，这个比值可能更低。所以，广播是广告预算有限时首选的广告媒体。

3. 广播在广告传播中的缺陷

（1）保存性差。声音的传播按时间序列进行，不易于保存，因此需要反复重复，以加深记忆。广播广告的时效极短，不能留存，很容易消失，因此，很难传达清楚广告的内容。

（2）选择性弱。广播的受众通常是被动接收广告信息，很难做到主动寻求广告信息。广播的节目或节目内容的播出时间是有一定规律的，但广告信息的播出内容经常处于变动之中，这种特性决定了受众在主动选择广告信息方面存在很大难度。广播广告很少被听众主动接收，听众一听到广告往往很快换台，转而收听其他节目。

（3）营销促进力度小。广播在城市的传播能力弱于乡村，而城市的消费能力比乡村的要高得多。应用广播发布广告的产品，一般都是销往广大乡村或边区的大众化产品、农业生产资料等。

5.2.4 杂志

杂志也称期刊，是现代人传达信息、传播知识、弘扬文化的主要信息载体之一。国内杂志一般分为政治法律类、工商经济类、计算机科技类、文化娱乐类、体育健康类、学校教育类、综合期刊类、海外杂志类等。据统计，2017

年，全国期刊约 10 130 种，印数 24.9 亿册。

杂志广告是刊登在杂志上的广告。杂志可分为专业性杂志、行业性杂志、消费者杂志等。由于读者比较明确，杂志是各类专业商品广告的良好媒介。刊登在封二、封三、封四和中间双面的杂志广告一般用彩色印刷，纸质也较好，因此表现力较强，是报纸广告难以比拟的。

最初的杂志与报纸差不多，也是发布广告内容的重要媒体。随着生产力的发展、时代的进步，报纸和杂志逐步分化，报纸以刊登时效性较强的新闻内容为主，而杂志则以刊登论文、小说、散文、诗歌、杂记、故事等时效性不强的文章为主，注重对事件的深度分析和报道。报道内容和性质的不同决定了报纸和杂志的读者对象和覆盖范围等方面存在差异。杂志的个性色彩比较鲜明，不同的杂志有不同的特点。

1. 杂志在广告传播中的优势

（1）杂志媒体的时效性长、传阅率比报纸高。杂志媒体具备较高的文化性，其读者整体文化水准高于电视观众，而一般花费的阅读时间比报纸读者长。杂志的可读性比较强，而且保存、携带比报纸方便，有效传阅时间长，没有阅读时间的限制，重复阅读率比报纸要高，因此杂志广告内涵更为丰富，效果更为持久。

（2）杂志的编排精细，印刷精美。很多杂志所用的纸张质量高，印刷精美，能最大限度地发挥彩色传真效果，具有强烈的视觉冲击力，容易引起消费者的认同感和购买兴趣。一些购买行为以理智型为主，需要提供较多信息的产品如汽车、计算机、高档家用电器或者需要高质量形象展示的高级化妆品、服饰等消费品常常在其广告策划的媒体组合中大量使用杂志媒体。

（3）杂志的篇幅利用比较灵活。杂志可利用的篇幅多，可供广告主选择，并自由施展广告设计技巧。封面、封内、封底、中间的插页等都可以用来发布广告。杂志广告的位置可机动安排，可做多种技巧性变化，如折页、插页、连页、变形等，以吸引读者的注意。

（4）杂志的发行面广，专业性强，读者明确。许多杂志具有全国性影响力，有的甚至有世界性影响力，经常在大范围内发行和销售。杂志的专业性比较强，各类杂志读者比较明确，因此它相对于报纸具有更明确和稳固的读者群，有助于增强广告活动的针对性和有效性。专业性杂志由于具有固定的读者层面，可以使广告宣传深入某一专业行业。如医学杂志、科普杂志、各种技术杂志等，其发行对象是特定的社会阶层或群体。

2. 杂志在广告传播中的缺陷

（1）杂志的及时性不强。杂志出版周期长，少则七八天，经济信息不易及时传递，不能刊载具有时间性要求的广告。同时，杂志在编辑方面具有截稿日期早的特点，这也使杂志难以接受有时间性要求的广告。大多数杂志的截稿日期要提前一个月，即使是周刊，截稿日期也要提前一两个星期，因此，杂志不能像报纸那样争取有时间性要求的广告。

（2）影响范围较窄。尽管各种杂志都拥有各自的一定数量的读者群，但就整体而言，杂志的发行数量还是比较有限的，影响范围和影响力也相对较弱，因此，实际上杂志的阅读率较报纸要低。

文化素养5-1

传媒经济学的魅力

过去的30多年中，传媒经济学的研究在世界各地广泛开展并迅速发展，其研究领域和相关议题超出了许多对该学科不熟悉的人所能想象的深度和广度。从技术意义上讲，并不存在特定的传媒经济学这一概念，因为这将意味着传媒领域的经济规律和理论有别于其他领域。然而，从实践来看，将经济规律和理论具体应用于传媒产业和公司却意义深远。因为传媒经济学的研究有助于解析经济影响力如何指导或限制传媒活动，以及它如何对传媒市场的具体动态产生宏观影响。传媒产品和服务有着独一无二的特征和属性，这与人们对其他产品和服务的理解迥然不同。一个基本的区别就是：传媒产品和服务具有双重性，它同时服务于受众和广告商。由于受众市场和广告市场对传媒产品和服务的需求不同，因此经常会产生不均衡的经济影响力。传媒产品和服务有别于其他产品的另一个特征是传媒产品可以被多次重复利用，能够产生比初次使用更高和更持久的价值。基于对知识产权的保护，电影、录音录像节目等能在较长的时间内保持其经济价值。还有必要认识到的是，对于传媒企业和组织来说，传媒产品的生产过程是艺术性的创造过程，这与一般性的工业化生产有着极大的区别。

经济力量影响所有的媒体，而这种影响力也应因市场和社会体制而异。传媒经济学分析不仅适用于理解自由和开放的市场，它也为许多不同市场条件下的传媒活动提供观点和分析方法，包括在一些较封闭或是具有很强管制及国家干预的市场，传媒经济学研究都能为其提供很多有益的思路和建议。

5.3　其他广告媒体

5.3.1　户外广告媒体

户外广告媒体是指在城市、农村的交通要道两边、街道边、主要建筑物的楼顶、商业区的门前、广场等露天或室外的公共场所设置的向消费者发布广告信息的媒体。在科学技术迅速发展的现代社会，户外广告是引进新技术、新材料、新工艺的热点，并成为美化城市的一种艺术品，是一个城市商品经济发达程度及居民的精神面貌和文化素养的标志。

1. 户外广告媒体的表现形式

（1）大型看牌、路牌、计算机写真喷绘广告牌。这类户外广告中，路牌广告最为典型。因为路牌的特定环境是街道路口、马路两旁，其展示对象是在动态中的行人，所以路牌画面多以图文的形式出现，画面醒目，文字精练，使人一看就懂，具有印象捕捉快的视觉效应。一般广告牌的画面可以采用手工绘制、计算机制作或在纸上印刷的方式制作，所用材料也有防雨、防晒功能。另外，有些路牌背面也作了美化处理，成为正反两面可看的路牌。

（2）电动动态路牌广告。电动动态路牌广告是当今国际上路牌广告流行的一种趋势。人们运用长条连接的立体三面造型手法，用自动电路控制，使路牌广告能定时翻转。这样，一块路牌的位置就可以放置三个不同的广告，而且因其翻动效果更加引人注目。路牌被纸张和柔性材料代替后，将出现更多的大型招贴广告、大型灯箱广告、三面转体广告牌、三面翻转广告牌、多画面循环广告牌等。这种大型的多画面的户外广告牌，既有动感，造型也极其精美，更具备了多种功能。它不仅传递各种信息，还为行人指路、报时及预报天气。

三面翻广告牌

（3）LED 大屏。LED 大屏作为数字化户外网络的重要组成部分和领头标杆，有其独特的媒体价值和媒体地位，也和其他的数字型户外媒体形成了有效的分工和组合，共同覆盖目标，受众多样化，具有立体式的媒体接触轨迹。随着 AR 技术（增强现实技术）在 LED 大屏媒体的运用，内容营销亮点层出不穷。户外 LED 大屏在城市中心商圈进行互动发布，引发公众信息平台重新定义。户外 LED 大屏媒体网络，更是注入了主动关注和收视的激发点，改变了传统被动覆盖为主的广告传播方式。为了更好地满足客户的传播需求，各大传媒将更多地发掘 LED 大屏网络的独特价值，如时间价值、点位价值、互动价值、联网价值，围绕这些价值点，研发和衍生出各种更贴合客户需求的媒体产品，重塑 LED 大屏媒体的核心媒体价值体系。LED 大屏媒体围绕“跨媒体网络化传播”“融入整合营销传播”“数字化技术整合”的方向，已经在上海、北京、广州、重庆、杭州、郑州、青岛、天津等重点城市形成更有效的户外媒体传播平台。

（4）霓虹灯广告。霓虹灯广告是户外广告中灯光类广告的主要形式之一。它的媒体特点是利用新科技、新手段、新材料，在表现形式上以光、色彩、动态等特点来吸引观众的注意，从而提高信息的接收率。霓虹灯广告一般都设置在城市的制高点、大楼屋顶和商店门面等醒目的位置上。它不仅白天起到路牌广告、招牌广告的作用，夜间更以其鲜艳夺目的色彩，起到点缀城市夜景的作用。如图 5-10 所示。

图 5-10　民族宾馆霓虹灯广告设计招牌

2. 户外广告在广告传播中的特点

（1）容易吸引行人的注意力。户外广告面积大，色彩鲜艳，主题鲜明，设计新颖，广告形象突出，因而容易吸引行人的注意力，并且容易让人记忆。

（2）具有长期的时效性。户外广告一般发布的期限较长，不具有强迫性，信息容易被认知和接收，对于区域性受众能造成印象的累积效果。

（3）画面简洁，内容简单易懂，易为各个阶层的消费者所接受。

户外媒体也有自身的局限：一是受场地的限制，受众的数量有限；二是户外广告的内容比较简单，传达的信息量有限，多是企业或商品的形象广告，即时的促销效果差。

5.3.2　DM广告媒体

DM（Direct Mail）广告，是指具有个人资讯的主体，通过 DM 媒体进行邮寄，创造顾客的一种广告方式。企业或广告公司选定广告对象，以邮寄印刷或书写广告的方式直接向目标受众传达广告信息。DM 广告是最近 30 多年来全球广告日益推广的一种新的广告方式。凡是应用于发布直邮广告信息的物质或中介，都可以视作 DM 媒体。

1. DM 广告媒体的表现形式

直接邮递广告分为信函广告、账单广告、印刷品广告、明信片广告和户外招贴等多种。邮寄函件多是为了直接向消费者推销商品，以取得直接销售或邮寄销售的效果。DM 媒体包括各种形式的印刷品，如销售函件、邮寄传单、小册子、订购单、商品目录、邮购目录、广告函、产品说明书、名片、明信片、对账单、定期发布的固定形式印刷品广告、奖购券、折扣券、打折信息、新产品介绍、产品样本、纪念品等。

2. DM 广告媒体在广告传播中的特点

（1）针对性强，目标准确。广告主可以针对选定的对象进行信息传递，对广告活动进行自我控制，实施意图明确。对于部分特定的行业消费群来说，指向性高的媒体自然首选邮政广告媒体。其他媒体发布广告消息，受众都是处于隐蔽状态的，而直邮广告是有的放矢。

（2）有助于巩固既有的消费群。直邮广告可以有方向性地拓展新的消费群体；可以进行征答活动，从而促成真实、可信的信息反馈，巩固既有的消费群。

（3）信息的传送和接收具有较大的灵活性。邮政网络遍布全球，广告明信片、广告信函可通过邮政网络寄至世界上任何一个地方。

（4）制作简便，费用低廉。邮政广告业务的单位收费极低，可为顾客安排方便的购买方式。寄件人和收件人都是广告客观受体，它的传播方式属于多次传播，广告实际效益是其他广告的数倍。

由于邮寄广告所掌握的是直接用户，生产厂家不易受中间商的控制，因而它在现实中越来越受到广告主的重视，成为超越杂志的第二大印刷媒体。尤其是现代邮电事业的发展，更为邮寄广告提供了充分的发展余地。但需要注意的是，在广告信息泛滥的现代社会中，直邮广告的信息能否被有效地接收是一个问题，因为消费者完全掌握主动权，他们是有选择性地接收和理解信息的。

5.3.3 POP 广告媒体

POP 广告（Point of Purchase Advertising）即售点广告，又称为售卖场所广告，是一切购物场所（百货公司、购物中心、商场、超市、便利店、零售店等）内外所做的现场广告的总称。POP 广告有助于营造现场的购买气氛，刺激消费者的购买欲望。POP 广告的主要功能是利用商品销售点的空间，强烈地吸引顾客，促使消费者产生购买动机。

1. POP 媒体的表现形式

POP 广告是一种陈列式广告。POP 媒体可分为室外 POP 媒体和室内 POP 媒体两大系统。室外 POP 媒体包括购物场所外的一切广告形式，诸如条幅、灯箱、招牌、招贴、旗帜、海报、门面装饰、橱窗装饰等。室内 POP 媒体包括购物场所内的一切广告形式，如购物点展示、陈列柜、柜台陈列、柜台广告、空中悬挂广告、模特广告、货架陈列牌、大幅说明书等。总体来看，POP 媒体可分为立式、悬挂式、柜台式和墙壁式四种。

POP 广告媒体

2. POP 媒体在广告传播中的特点

（1）售点广告具有小型化的特点，制作简单，成本低廉，又能在最确切的销售地发挥作用。

（2）售点广告可以提醒消费者购买已有印象的商品，并进行指牌认购。尤其是在报纸、电视等大众化媒体对产品已进行广告宣传之后，更能发挥其配合宣传的作用。

（3）可以美化零售商店，增加零售点对顾客的吸引力，并烘托销售气氛。

（4）这种广告形式由于简单易懂，便于识别，适合于不同阶层的消费者，长期重复出现可以加深消费者对产品的印象，具有广泛性和时效性，能起到无声推销的作用。

5.3.4　网络广告媒体

网上电子商务涉及乐器、音乐、影视、书报、动漫、娱乐纪念品、时尚、服装等众多商品。网络广告，是指互联网信息服务提供者通过互联网在网站或网页以旗帜、按钮、文字链接、电子邮件等形式发布的广告。网络广告随着Internet在全球范围的发展和电子商务的应用而成长。网络媒体虽然是在报刊（报纸、杂志）、广播、电视等传统媒体之后新兴的“第四媒体”，但大有上升为“第一媒体”的趋势，2021年中国网络广告市场规模超过5 400亿元。主要网络广告媒体有今日头条、新浪、搜狐、网易、腾讯、百度等。

1. 网络广告媒体的表现形式

网络广告的媒体就是互联网络。网上一个个Web页面，就是网络广告的载体。当然，准确地讲，那些经过相关部门审定批准可以在特定网站上发布的广告才是合法的网络广告。网络广告媒体的主要形式有：

（1）内容站点（Banner）。如搜索引擎或者新闻站点页面中的按钮，点击后会出现相应的广告内容，一般翻译为网幅广告、旗帜广告、横幅广告、标题广告等。Banner横幅广告是一个表现商家广告内容的图片，放置在广告商的页面上，它是互联网广告中最基本的广告形式。尺寸是480像素 × 60像素，或233像素 × 30像素，一般是使用GIF格式的图像文件，可以使用静态图像，也可用多帧图像拼接为动画图像。除普通GIF格式外，新兴的Rich Media Banner（丰富媒体Banner）能赋予Banner更强的表现力和交互内容，但一般需要用户使用的浏览器插件（Plug-in）支持。

内容站点广告

（2）按键（Button）广告。Button广告是从Banner广告演变过来的一种广告形式，图形尺寸比Banner要小。由于图形尺寸小，可以被更灵活地放置在网页的任何位置。Button一般被用在提示性的场合，如一些著名品牌在打主要的Banner广告的同时，为了达到立体的效果，也会运用一些Button做辅助性的宣传。Moving icon是一种会飞的Button广告，可以根据广告主的要求并结合网页本身特点设计“飞行”轨迹，增强广告的曝光率。

（3）插播（Interstitial）广告。通常是全屏的广告形式，在两种形式的内容之间（如内容页之间）出现。

（4）电子看板（E-billboard）广告。电子看板广告实际上是在一个新的框架里的标题广告，不随屏幕的上下移动而移动，而且因为它是独立的一个页面，所以速度不受主干内容页面的影响。其他众多的广告形式还有软广告、关键字广告、目录广告、频道广告和赞助广告等。

（5）弹出窗口（POP UPS）。是指广告出现在一个独立窗口，上方的内容已经在屏幕上，基本上和子窗口一样，但是它没有一个相连接的Banner。

（6）手机网络。手机媒体拥有其他媒体无法比拟的优势，例如覆盖人群最广，传播成本比较低廉，可以最方便地把人们的零碎时间利用起来，并且能够极为快捷地传播信息。随着5G时代的来临，各种多媒体形式能充分体现在手机上，这将给广告主更大的发挥空间。

2. 网络广告媒体在广告传播中的特点

（1）实时交互性。这是由网络传播方式的实时交互性所决定的。用户可以在网上自主地选择广告内容，广告信息可以根据用户需要实时地变动，广告传播者与受众随时沟通，可以随时接收反馈的信息和达成购买意向。

（2）广告信息数字化。网络广告采用数字视频、音频、图片、动画、文字等数字信息技术，通过计算机显示屏（或其他电子显示设备）播放。这种数字化的广告信息形式丰富，娱乐、动漫、游戏、美图、生活、贺卡、商城、聊天室等节目交错进行，信息容量巨大，表现力强；可以充分吸收电视、报刊等广告的艺术优势，比如电子报刊、网上电视、网上广播。

（3）广告对象的广域性。互联网贯通全球，任何一个网站上的广告都能为全球每个角落的网民所看到，关键在于他是否点击你的站点。对于邮件广告，更是可以轻而易举地实现全球发放，关键在于你掌握多少客户的邮件地址。客户能直接点击感兴趣的广告，进入购买页面，填写订单、签订合同、进行网上支付，完成消费行为。这种电子商务也是其他广告形式所不能达到的。

拓展阅读5-1

2020年中国广告行业市场现状与发展趋势分析

进入21世纪后，随着互联网、移动通信、社交媒体等新兴媒介的飞速发展，广告业进入了蓬勃发展时期，广告业年营业额从2008年的1 900亿元增长至2019年的8 647.28亿元。

目前，我国广告市场媒体已形成电视媒体、互联网媒体、生活圈媒体三大阵营格局。电视媒体广告具有覆盖率广和公信力强等优势，互联网媒体广告呈现出了高连接性和强互动性等特点，而生活圈媒体广告则展示出城市生活空间媒体的高触达和高匹配的特点。

据计算，2019年传统广告费用下降了11.4%，较2018年下降了9.9%。自2011年以来，传统广告费用总体呈明显的增速下降趋势，2014年后，传统广告花费几乎进入了负增长时代，总体而言，再难达到过去的辉煌时代。

从各细分广告收入规模变化情况来看，2020年广告收入同比增长的细分媒介为电梯海报，电梯电视和影院视频，其中电梯海报收入增长最快。此外，2019—2020年，影院视频和电梯电视的广告收入表现也相对较好。2020年，广告收入同比下降的细分媒介为报纸、传统户外和电视等。报纸作为降幅之首，2020年同比下降了22.2%。由此可见，传统广告发展日渐式微。

随着新兴媒体技术及电子信息技术的快速发展和不断完善，技术革新推动广告行业内容、传播方式和商业模式等发生变化，广告正在朝着精准化方向发展。一方面，信息化、大数据和云计算等先进技术的应用，为未来广告策划、投放、监测和效果评估等提供了技术基础，广告受众将进一步细分，广告营销精准度进一步提高；另一方面，随着优质广告资源价格的不断提升，广告主投放广告的成本压力更大了，精准的品牌定位、优秀的广告创意内容、精良广告片制作、科学的媒介传播策略等都直接决定广告主的广告投入回报率，能够为客户提供精准化创意策划、媒介传播策略和制作内容将显得尤为重要。

小试牛刀 5-1：在商业实践中有哪些新兴媒体？

［实训目标］

培养学生认知与应用新媒体的能力。

［实训内容］

党的二十大报告指出，要加强全媒体传播体系建设。请以小组为单位制定新媒体调查方案，收集资料，对新兴广告媒体进行分析、筛选以及归类，写出调查报告。

［实训操作］

（1）通过广告公司入手进行调查。

（2）通过网络进行调查。

（3）在大街小巷观察。

（4）在工商企业观察、调查。

（5）小组长汇总小组成员的成果。

（6）教师对各组情况进行总结。

[成果要求]

（1）每人写出自己的新兴媒体调查情况和个人的活动体会。

（2）每个小组撰写出新兴媒体调查情况报告。

（3）依小组报告与个人的活动体会为每位学生评估打分。

小试牛刀 5-2：霓虹灯广告

[实训目标]

学校购买材料，让学生动手制作一件霓虹灯广告。

[实训内容]

以小组为单位制定霓虹灯广告研究方案，收集制作技术和材料的相关资料。在此基础上，拟订自选主题的霓虹灯广告制作方案。

[实训操作]

（1）制定霓虹灯广告研究方案。

（2）进行霓虹灯广告文案调查和网络调查，了解国内主要媒体材料厂家。

（3）购买制作工具和材料。

（4）拟订自选主题的霓虹灯广告制作方案。

（5）以小组为单位进行制作。

（6）教师对各组创作情况进行总结。

[成果要求]

（1）每人写出个人的活动体会。

（2）每个小组交叉撰写《霓虹灯广告制作情况评价报告》。

（3）依小组报告与个人的活动体会为每位学生评估打分。

同步训练

一、单项选择题

1.（　　）是直接媒介中最重要的形式。

A. 邮购广告　　B. 非邮寄直接广告

C. 直邮广告　　D. 户外广告

2. 若广告商品是性能复杂、价格昂贵的生产资料，则企业通常首选的广告媒体是（　　）。

A. 视听媒体　　B. 印刷媒体

C. 户外媒体　　D. 其他媒体

3. 售点广告的简称为（　　）。

A. POD　　B. DM

C. POP　　D. PNP

4. 户外广告媒体的英文缩写是（　　）。

A. OD　　B. OM

C. DM　　D. EM

5. 将报纸、杂志、挂历、小册子四种媒介组合运用，称为（　　）。

A. 异型媒介组合运用方式　　B. 自用媒介组合运用方式

C. 同类媒介组合运用方式　　D. 四大媒介组合运用方式

6. 以下不属于电视在广告传播中的缺陷的是（　　）。

A. 时间紧促　　B. 制作及播出成本高昂

C. 受众面窄　　D. 观众自主选择性差

二、多项选择题

1. 杂志可分为（　　）。

A. 娱乐性杂志　　B. 消费者杂志

C. 商业性杂志　　D. 周期性杂志

E. 专业性杂志

2. 凡是设置在商业街、购物中心及商店内及周围的广告叫作（　　）。

A. 户外广告　　B. 印刷品广告

C. 销售现场广告　　D. 交通工具广告

3. 中国古代已能够满足小商品生产者需要的广告形式有（　　）。

A. 灯笼　　B. 传单

C. 音响　　D. 报纸

E. 杂志

4. 杂志广告的优点有（　　）。

A. 读者对象明确，针对性强

B. 保存期限较长，广告可以在较长的时间里发挥作用

C. 印刷周期短，传播速度快

D. 宣传范围没有局限性

E. 收费标准低，价格便宜

5. 橱窗广告创作程序包含的步骤有（　　）。

A. 客户认可　　B. 商品采购

C. 施工　　D. 评审存档

E. 销售

6. 杂志广告与报纸广告的区别是（　　　　）。

A. 印刷色彩不同　　B. 表现商品不同

C. 时间效果不同　　D. 故事情节不同

E. 文稿接受方式不同

三、简答题

1. 简述广播广告的特点。

2. 如果你为一广告客户选择传播媒介，你认为应从哪些方面来考虑和研究？

技能训练

实训项目　广告媒体选择

一、实训目标

通过广告媒体选择实训，学生能够结合不同产品或服务的特点，进行广告媒体的比较分析，从而做出正确的媒体选择，为今后从事市场营销工作进行广告决策打下基础。

二、背景资料

安徽省芜湖市恒生中学是由安徽恒生集团出资建设的，其教学设备一流，师资水平仅次于芜湖一中、芜湖二中、安徽师范大学附中，在芜湖市的口碑整体不错。但因为是民办学校，其费用相对于其他公办高中高，所以芜湖市内具有本地户口的学生，大部分都会选择公办学校。张林作为安徽省芜湖市恒生中学的校长，目前面临学校生源减少的难题。在董事长的支持下，张林召开了校董事会。会上，大家一致认为要想改变目前的状况，使学校进一步发展，必须进行广告宣传活动，扩大学校的知名度和美誉度。同时，不能仅把目标市场集中在芜湖市内，也要拓展到所辖的县域及周边地区。经校董事会批准，决定投资 40 万元作为广告宣传费用，希望通过开展广告宣传活动，在短时间内吸引学生和家长的注意力，为学校争取更多的生源。学校的广告宣传工作在张林的领导下进行得很顺利，但是在广告媒体的选择上，张林一直难以抉择。请你结合所学广告媒体选择相关原理，帮张林做出媒体选择。

张林拟选的广告媒体有：

1. CCTV-10；

2. 芜湖教育电视台；

3. 芜湖教育信息网；

4. 芜湖交通广播电台；

5.《读者》《青年文摘》；

6. 芜湖《大江晚报》。

三、实训要求

1. 根据背景材料，能够指出拟选的6种广告媒体的类型，并分析其特点；

2. 根据背景材料，明确广告产品和广告受众；

3. 能够根据教育服务特点、广告受众特征以及影响广告媒体选择的其他因素，进行系统分析，为张林做出最优的媒体选择。

四、实训步骤

1. 分析背景材料中张林拟选的6个广告媒体的类型。

（1）报纸（　　　　）

（2）杂志（　　　　）

（3）电视（　　　　）

（4）网络（　　　　）

（5）广播（　　　　）

2. 分别指出背景材料中张林拟选的6个广告媒体的特点。

（1）CCTV-10

（2）芜湖教育电视台

（3）芜湖信息教育网

（4）芜湖交通广播电台

（5）《读者》《青年文摘》

（6）芜湖《大江晚报》

注：在列举媒体特点时，主要集中于媒体的覆盖范围、媒体的受众特点、媒体的属性与地位因素、媒体的投资效果因素等。

3. 根据背景材料，分析芜湖市恒生中学的广告对象即广告受众的特征。

4. 分析芜湖市恒生中学的教学特色，能够为服务对象提供怎样的服务。

5. 结合芜湖市恒生中学服务特色、广告对象特征以及备选媒体特点，实训小组成员开展充分讨论，确定广告媒体（单一媒体或媒体组合）。

6. 提交广告媒体选定的总结报告。

7. 团队项目实训小结分享。

团队项目实训小结分享格式如下。

团队实训内容

广告媒体选择实训小结分享 团队名称： （正文）
其他说明：

修改并完善以上内容后，以团队为单位，以组长为主发言人，其他人可补充，每组发言时间为5~8分钟。

教师总结点评，其他团队随机点评。

五、实训成果

1. 能够区分不同广告媒体的特点；

2. 能够结合不同企业具体的广告产品（服务）特点，进行广告媒体的选择。

能力测评

专业能力自评

	能/否	任务名称
通过学习本章，你		养成观察广告媒体的习惯，分析、思考不同媒体的传播原理和传媒效应，并对不同媒体的管理和制作有所了解
		分析和把握不同广告媒体的功能、特征和传媒效应，按照行业、产品和目标受众能够选择合适的广告媒体
		对不同媒体的制作材料、制作过程和发布环节有所调研
通过学习本章，你还		进行媒体地区分布和时段分布设计
		独立进行简单POP媒体的制作和展示

核心能力自评

	核心能力	是否提高
通过学习本章，你的	信息获取能力	
	书面表达能力	
	与人沟通能力	
	解决问题能力	
	团队合作精神	
通过学习本章，你认识到的商业文化与素养有	关注广告新媒体的习惯意识	
	理解不同广告媒体功能的能力	
	动手制作，其乐无穷的意识	
自评人（签名）：　　年　月　日		教师（签名）：　　年　月　日

注："是否提高"一栏可填写"明显提高""有所提高""没有提高"。

第6章 广告效果评估

【学习目标】

通过本章学习，应该达到以下目标：

● 知识目标：

理解广告组织与管理的基本含义、广告效果的概念，明确广告管理的要求，认识广告表现与实施的策略，熟悉广告效果测定的原则与程序。

● 技能目标：

分析和把握具体广告表现与实施策略，掌握广告效果评估的方法，能运用广告效果评估的相关理论和方法分析广告效果；能结合具体的广告，分析广告表现与实施策略。

● 素养目标：

养成关注广告表现与实施策略的意识，形成重视广告效果的习惯，提高对广告管理的正确认识。

【内容结构】

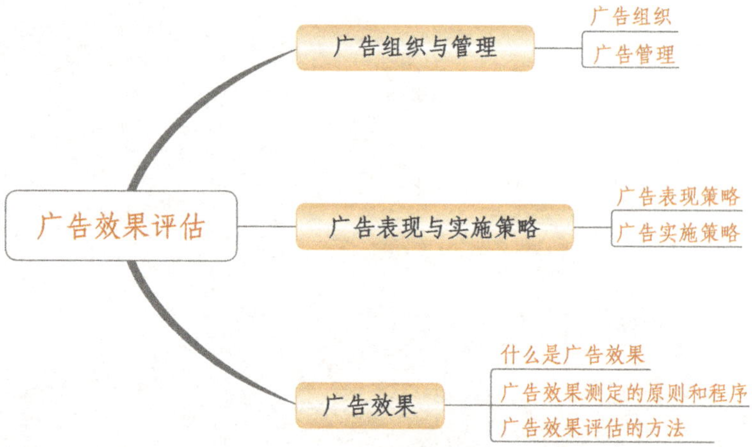

引例 **在线精彩，生活更精彩**

深圳市腾讯计算机系统有限公司（以下简称腾讯）凭借一组极具温情色彩和人文关怀的广告片，在全国亮相，从而拉开了其历史上最大规模品牌推广计划的帷幕。“是什么让生活更有意义？当人们都亲如近邻，当你我之间不再有隔阂，或者你、我、他都不再有隔阂……生命何其精彩，但我们只是相隔弹指之间。在线精彩，生活更精彩。”这组主题为“在线精彩，生活更精彩”的广告片，充分展现了互联网在拉近人们情感沟通，消除隔阂，营造温馨和谐环境方面的巨大贡献，这也被业内人士认为是“在线生活”战略的感性诠释。

思考：

1. 腾讯“在线精彩，生活更精彩”表达了怎样的广告含义？
2. 你认为该广告运用了哪些广告表现和实施策略？

6.1 广告组织与管理

6.1.1 广告组织

广告组织是从事广告活动的各种类型的企业和组织的统称。广告组织是实现广告目标的重要保证，发展和健全的广告组织是顺利、有效地开展广告业务活动的重要基础。

广告组织根据在广告活动中的职能和任务的不同，可分为企业广告组织、专业广告组织和媒体广告组织等。

1. 企业广告组织

现代企业面临的市场竞争日趋激烈，为在竞争中取得优势，并将优势化为胜势，就必须积极开展广告宣传活动。为了使广告充分地发挥作用，许多企业的领导以发展的眼光，把广告的宣传活动放在突出的位置上。企业广告组织是指工商企业内部设置的广告业务机构，专门负责企业的广告业务活动。国内外工商企业一般都设有内部广告组织，有的还成立了广告公司。

（1）企业广告组织的职能。企业广告组织作为企业统一负责广告活动的职能部门，与企业其他职能部门共同构成企业组织系统。通常，企业广告组织应有效地履行以下职能：

① 参与制定企业宣传决策。宣传活动是企业经济活动的重要内容之一。为了推动企业生产经营的顺利发展，广告部门要参与制定企业宣传的内容、形式、方法与措施，并直接负责广告活动的内容与管理。

② 确定广告目标，制定广告计划。为了使广告活动有针对性地开展，企业广告部门必须根据营销战略制定广告活动的计划，并与其他方面的促销活动、宣传活动广泛协调与合作。

③ 选择广告代理公司。企业的广告组织虽然承担的责任十分重要，但是广告部门并不能取代广告代理公司。一般来说，企业会把广告的组织管理监督的责任交给本公司的广告组织，而把策划、创意、制作等业务委托给外界的广告代理公司。

④ 选择广告媒体。企业广告部门必须对所使用的媒体有详细的了解，如媒体的性质、特点、宣传范围、宣传对象、收费等，及时与广告公司沟通，选择最能使广告信息有效渗透到目标市场的媒体。

⑤ 监督和控制广告活动。对广告的监督和控制，包括对广告计划的审定、广告作品的审核、广告效果的测定与信息反馈等，目的在于确保广告计划的科学制定和正确实施，及时发现问题并加以解决，保证广告的质量和广告活动的效果。

（2）企业广告组织的基本形式。

① 功能型组织。这是以广告承担的职能来分工确定的。即按照企业广告宣传活动的设计、制作、发布和管理等功能形成的。该广告组织的优点是：有利于发挥各广告职能部门的专业特长，提高广告创作的质量，发扬集体协作的优势。这种广告组织形式，在大型企业中比较完善；在一些中小型企业中，由于广告业务量不大，广告组织规模较小，采用这种组织时往往要将各种职能合

理分配。

② 地区型组织。这是以地区分工确定的，即根据企业产品销往各个地区的业务需要而组建的。该广告组织的优点是：可以根据不同地区市场的特点分别实施不同的广告宣传和广告发展战略，有针对性地进行广告诉求，强化广告宣传的适应性。这种广告组织形式适用于产品品种单一而又同时销往各个不同地区市场的企业。

③ 产品型组织。这是以企业生产经营的产品来分工确定的，即按照企业所生产经营各种不同性质产品的要求进行组建。该广告组织的优点是：可以集中企业各种专业广告人才，针对不同性质的产品的不同情况和要求，有条不紊地开展产品广告活动，有利于根据不同产品目标市场进行广告宣传，有利于企业正确掌握各种产品的市场信息。这种广告组织形式主要适用于生产经营不同产品的大型企业或特大型企业。

④ 对象型组织。该广告组织形式是根据产品的最终使用者的不同加以组建的。该广告组织的优点是：可以根据不同消费对象的消费动机和购买行为而分别采取不同的广告策略、诉求重点、诉求方式等，获得较佳的广告效果。这种广告组织形式，适用于产品销售对象较为集中、销售量较大的工业企业或大型批发企业。

⑤ 媒介型组织。该广告组织形式是按照企业的广告所采用的不同媒体的需要加以组建的。该广告组织的优点是：可以集中企业广告调研、设计制作、广告管理、广告分布等各种专业人员，对企业经常采用的媒体分别进行全面的研究，充分发挥各种媒体的功能。与此同时，这些不同广告单位可以根据自己所采用媒体的具体要求和特点，或直接与广告媒体单位进行广告业务交往，或委托广告公司与广告媒体单位进行广告业务联系。这种广告组织形式，适用于广告预算费用较大又采用多种媒体的大型或特大型企业（公司）。

2. 专业广告组织

专业广告组织是指专业从事广告经营和制作的营利性经济组织。专业广告组织即一般的广告公司，它是站在广告主的立场上确定广告方案并根据这个方案购买媒介、实施广告活动的机构。

（1）专业广告组织的职能。其职能是由其代理行为产生的。在国际通行的代理制中，广告公司处于中介地位，是连接广告客户与广告媒介的桥梁，因而其职能主要表现为以下两个方面。

① 对广告客户的职能。一般来讲，专业广告公司能够为广告客户进行全面的市场调查研究工作，并根据广告客户的要求，为其制定拓展市场的广告战略与策略；能够为广告客户设计高质量、高水平的广告作品；能够为广告客户

进行产品分析，从产品品质、生产周期、包装、价格、销售对象、销售手段等多方面提出促销的方法，使广告客户收获较好的广告效果；能够为广告客户进行广告效果的测试和评估，帮助广告客户重新修正其广告计划。

② 对广告媒介的职能。专业广告公司可以代理媒介售出版面和时间段，从而保证媒介的广告业务量，并代理媒介向广告主收取广告费，保证媒介的广告收入。同时，广告公司可以帮助媒介单位守法把关，减轻媒介单位的审查压力，使媒介单位能够集中精力办好自身的节目，以提高媒介自身的吸引力。

（2）专业广告组织的结构。现代广告公司是独立进行广告活动的职能机构，其作业方式是高度的专业分工与细密的群体合作。从广告公司组织系统的内部结构上看，通常分为职能型广告组织和群体型广告组织。

① 职能型广告组织。职能型广告组织是指广告公司应根据其各自职能分设各部，各部同时为所有客户开展广告工作，如表6–1所示。各部门各司一项工作，它是一般广告公司常用的组织形式。通常按以下模式设置有关的广告职能部门，如图6–1所示。

表6–1　职能型广告公司组织业务描述

职能部门	业务描述
广告业务部（客户服务部）	是直接与客户发生接触的专职部门，履行双重代理职能，即替广告主规划广告活动和代替任何一家媒体，向广告主争取广告
广告企划部（市场调研部）	任务是调查和掌握市场动态和各种产品的供求情况与发展趋势，以及消费者对产品的态度等情况，以提供信息作为广告策划的参考，并拟定广告计划和广告企划案
广告创意部	主要工作包括文案与设计两个方面。文案方面一般由文案指导和文案撰写组成，设计方面有艺术指导、视觉化、插图绘制等
广告技术部（广告设计制作部）	主要任务是负责将创意部门交付的广告底稿制作成媒体的传播形式，并负责广告制作的进度，做好与印刷厂等协作单位的沟通协调工作
广告媒介部	主要任务就是选择媒体和购买媒体，负责广告传播媒体的选择、评估，拟定媒体选择组合方案等
广告业务管理部（广告业务行政部）	主要任务是从事广告公司的全面行政管理工作。多数广告公司的业务管理部下设财务会计、人事劳资、文秘、总务等室组

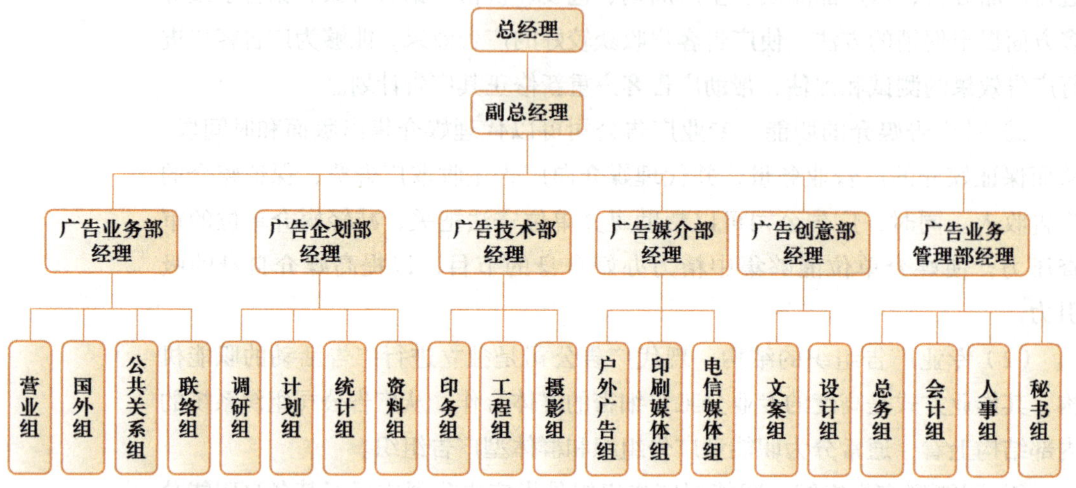

图 6-1　职能型广告组织

② 群体型广告组织。群体型广告组织又称小组作业式，即根据客户的种类和要求，在公司内设置资源共享的若干管理职能部门，将公司的工作人员划分为小组，每个小组单独从事广告的联络、文案、编排、企划。一个小组负责一个以上的联络和设计，企划和设计好的广告交由上级最高审议人员审定后，转交各职能部门分工制作和实施。

这种组织形式通常适用于规模较大的广告公司，由于这类广告公司业务范围大、内容多，使它不得不再细分出更小的组织体（见图 6-2），以适应不同广告客户的不同业务特性的需要。

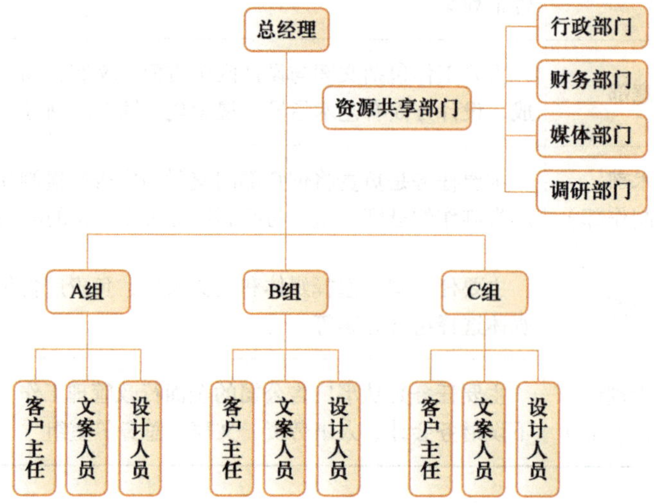

图 6-2　群体型广告组织

3. 媒体广告组织

（1）媒体广告组织的职能。在现代广告媒体中，报纸、杂志、广播、电视已成为发布广告的主要工具和技术手段。在这些新闻媒体单位中，往往都成立了专门的广告组织，负责广告经营活动，完成工商企业和广告公司的广告发布任务。其具体职能如图 6–3 所示。

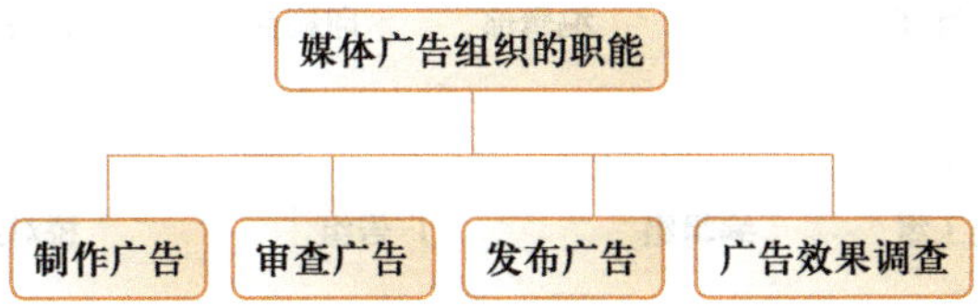

图 6–3　媒体广告组织的职能

（2）媒体广告部门的组织结构。

① 报刊广告部门的组织结构。报刊广告部门的组织结构一般有两种类型，即列举制和综合制。

A. 列举制。即在社长（或总编辑）直接管理下设立独立的广告部门，承担广告的接洽、设计、制作和实施发布等业务，并对外来的广告作品负责检查、审核、编辑和安排发布时间与版面的事宜。我国的报刊广告组织，因其广告业务的规模不同，有的比较精简，有的比较齐全。一个较完善的报刊广告部门组织结构如图 6–4 所示。

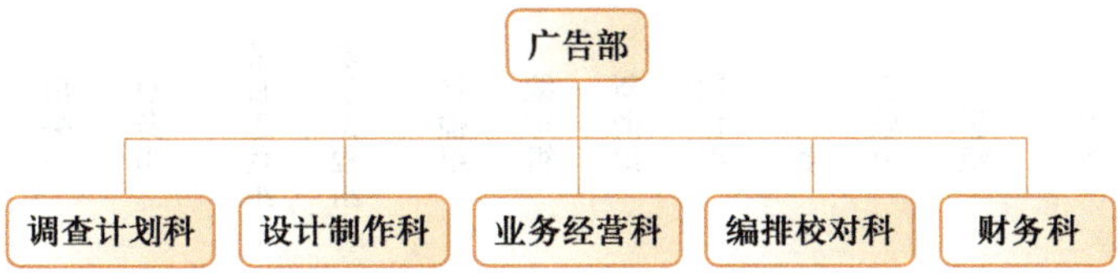

图 6–4　列举制组织结构

B. 综合制。这种体制一般为一些小型报社所采用，即在总编辑下设编辑部，编辑部内设广告组，下设编排、营业、分类广告、策划、印制等组，如图 6–5 所示。

② 广播电视广告部门的组织结构。我国的广播电视广告部门，一般属于电台、电视台的业务部。通常在业务部下设广告科（组），下设业务人员、编导、美术、财务人员若干。大型的广播电视组织也有隶属于台长（社长）的独立广告部门。我国多数采用广播广告科或电视广告科形式。广播电视广告部门的组织结构，如图 6–6 所示。

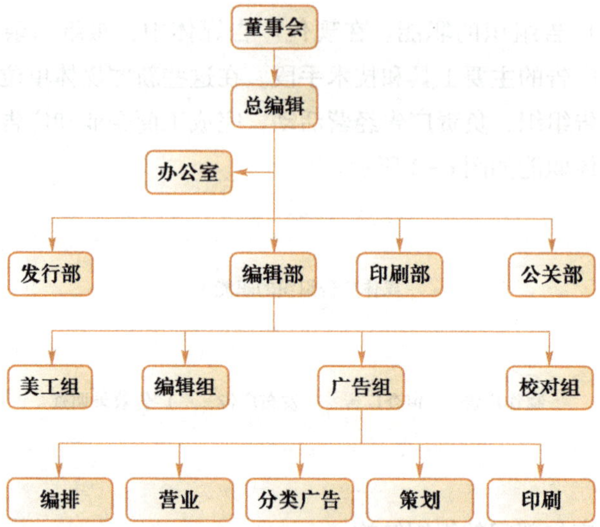

图6-5　综合制组织结构

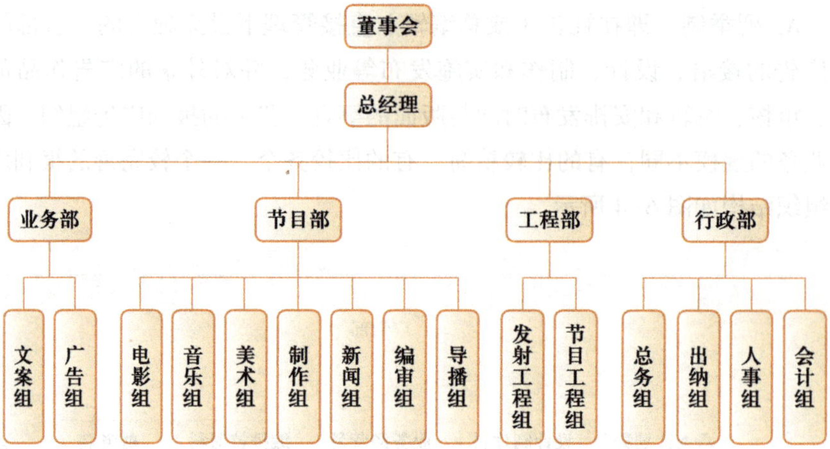

图6-6　广播电视广告部门的组织结构

广播电视广告部门经营广告的形式，主要表现在如何在广播、电视节目中来安排广告节目，使广告按广告客户的要求播出。通常，广播电视广告播出形式主要有三种，即节目广告、插播广告和共同广告。节目广告也称定时广告，就是将广播电视的某一个节目时段全部售予广告客户做广告，既可以单独售予某一家广告客户，又可以售予若干家广告客户；插播广告，是指在广播或电视的节目与节目之间的交换时间所做的广告，一般为3~5分钟；共同广告，即在某一广播或电视节目中，由数种广告交叉播出，多为临时性的特别节目（如球赛、精彩电视剧、广播剧等）。

6.1.2　广告管理

狭义的广告管理专指国家市场监督管理部门依据广告法及其他有关的法律、法规，对从事广告活动的广告主、广告经营者和广告发布者的广告宣传和广告经营活动的管理、调控、监督和指导。

广义的广告管理是指国家、社会和广告业对广告的组织、指导、管理和监督。国家对广告业的管理，包括广告法规定的各级市场监督管理部门对广告的管理，及相关政府机构如国家卫生健康委员会、国家新闻出版署和国家广播电影电视总局等部门对广告的管理。

广告管理包括国家的行政管理、行业自律和社会监督三个方面。国家的行政管理是依法进行的一种外在的刚性管理；行业自律是一种行业内依照自律章程进行的自我约束管理；社会监督是利用新闻媒体的舆论监督、社会团体的参与监督、公民的举报与投诉等手段进行的管理。三个方面的管理互为补充，形成一个有机的管理体系。

1. 国家对广告的行政管理

（1）国家对广告实施管理的手段。

① 制定和颁布广告法规。党的二十大报告指出：“全面推进科学立法、严格执法、公正司法、全民守法，全面推进国家各方面工作法治化。”国家对广告的管理是依法进行的。制定和颁布有关广告法规，是国家对广告管理的基本手段。它使广告活动有法可依、有规可循。

广告法

例如，我国第八届全国人民代表大会常务委员会第十次会议于 1994 年 10 月 27 日审议通过了《广告法》，从 1995 年 2 月 1 日起正式施行；2015 年 4 月 24 日《广告法》通过修订，2018 年 10 月 26 日进行了修正，2021 年 4 月 29 日进行了二次修正。

② 建立专门的广告管理机构。国家对广告的管理，需要建立专门的广告管理职能部门或机构，负责对广告活动进行管理和监督。《广告法》规定：国务院市场监督管理部门主管全国的广告监督管理工作，国务院有关部门在各自的职责范围内负责广告管理相关工作。县级以上地方市场监督管理部门主管本行政区域的广告监督管理工作，县级以上地方人民政府有关部门在各自的职责范围内负责广告管理相关工作。这为各级市场监督管理部门对广告管理提供了法律依据。

国家对广告的管理，还必须依靠有关行业的行政管理。除法律规定的广告管理机构外，由于广告的涉及面广，还必须依靠相关的行业，对有关特殊商品或特殊媒体的广告性行为进行行政规范。如国家卫生健康委员会、国家市场监督管理总局有对食品广告、药品广告管理的职能；国家新闻出版署和国家广播电视总局有对广播、电视广告的传播行为进行规范管理的职能。

③ 查处违法广告行为。对违法广告行为进行查处，是广告管理的基本手段。查，是调查研究、弄清事实；处，是根据具体情况进行适当处置，包括改正错误、停止侵害与施以经济或行政、刑事处罚等。查处工作属于广告管理机关依法行使权力的职能活动，是保护消费者和社会公众利益的最有效手段，也是预防违法广告行为发生、保护合法广告行为的重要措施。

（2）国家对广告行政管理的主要内容。

① 对广告经营和广告发布者的管理。管理的主要内容包括广告经营者的资格、广告发布者的资格和广告经营者、广告发布者的责任和义务等。

A. 广告经营者的资格。广告经营者是指受委托提供广告设计、制作、代理服务的自然人和法人或者其他组织。广告经营者只有具备资金、专业技术人员和专业制作设备等条件，符合广告业登记的有关要求，依法办理公司或者广告经营登记，经过市场监督管理部门审批并发给经营证照之后才具有合法资格，方可从事广告活动。

B. 广告发布者的资格。广告发布者是指为广告主或者广告主委托的广告经营者发布广告的自然人、法人或者其他组织。因为广告的业务性较强，为了便于管理，《广告法》规定，所有的广告业务，应当由其专门从事广告业务的机构办理，并依法办理广告业务的登记，还必须到市场监督管理部门进行审批登记，经审查合格以后，发给广告经营证照之后才具有合法资格。

C. 广告经营者、广告发布者的责任和义务。主要包括：负责查验广告证明文件，核实广告内容；不得从事超出经营范围的广告业务，不得在广告活动中进行不正当竞争；从事广告活动要订立书面合同；建立健全广告业务档案；收费公开，标准合理；提供真实的资料和信息。

② 对广告主的管理。广告主是指为推销商品或者提供服务，自行或者委托他人设计、制作、发布广告的自然人、法人或者其他组织。管理对象主要包括广告主的资格、广告主的责任和义务等。

A. 广告主的资格。因为广告主是提出发布广告的要求者，又是广告内容的决定者，也是广告的出资者，所以，广告主还必须具有行为责任能力，能够对自己的行为负责、对广告可能产生的法律后果负责，能够承担发布广告所引起的法律责任。

B. 广告主的责任和义务。确保发布广告的内容在自己的经营范围和国家许可的范围内。广告主自行或者委托他人设计、制作、发布广告所推销的商品或者所提供的服务应当符合广告主的经营范围。如果超出其经营范围进行经营，就属于违法经营，为其违法经营行为进行广告宣传，其行为当然也是违法广告行为，政府管理部门要进行查处。

此外，即使广告主在广告中所推销的商品或者服务属于自己的经营范围，其广告宣传也应当在国家许可的范围内进行，且必须提交正式、合法、有效的证明文件。广告主自行或者委托他人设计、制作、发布广告，应当具有或者提供真实、合法、有效的证明文件，包括：营业执照以及其他生产、经营资格的证明文件；质量检验机构对广告中有关商品质量内容出具的证明文件；确认广告真实性的其他证明文件。

（3）广告审查。广告审查制度包括委托代审制度和验证审查制度。

① 委托代审制度。由于广告监督管理机关本身承担着对广告经营者和广告发布者的审批登记、对违法广告行为的查处等项工作，任务非常繁重，同时，国家对广告的监督管理是一种外部的行政管理，通常由广告经营者、广告发布者，或者有关行政管理部门按照广告法规的要求对广告内容进行审查，这就是广告委托代审制度。

② 验证审查制度。验证审查是指广告经营者、广告发布者必对广告主所提供的证明文件和资料的完整性、真实性、合法性和有效性所进行的审查。广告主在要求广告经营者和广告发布者为其设计、制作、发布广告时，必须按照广告法规的要求，提供各项证明文件和有关资料，由广告经营者、广告发布者依照有关法律法规的规定进行审查，并建立广告业务档案存查。

（4）对违法广告行为的查处。

① 违法广告行为的类型。违法广告行为有违法经营广告和违法发布广告。

违法经营广告主要是无证经营和超越经营范围经营。后者是指广告经营者从事超过广告登记机关批准经营范围的广告业务的行为。

虚假广告

违法发布广告是指广告主、广告发布者违反广告法规的规定发布广告的行为。违法发布广告是违法广告行为中比较多见的，其危害也是最大的，特别是发布虚假广告。违法发布广告的行为有很多不同的表现：第一种表现为广告本身不合法。如广告主不具备合法的生产经营资格，其发布行为是违法的。此外应该报批但未履行报批手续的广告也属于违法广告。第二种表现为广告内容违法。如欺骗、损害消费者利益的虚假广告，不按有关行政主管部门审定的广告内容发布或对审定内容私自添加、改动的广告，有贬低同类产品内容的广告，以及采用他人形象或名义而未经他人同意的广告等。

② 对违法广告行为的处罚。对违法广告行为的处罚，分为行政处罚、经济处罚和追究民事或刑事责任等。

行政处罚和经济处罚，都是由广告监督管理机关作出的。行政处罚包括针对广告主、广告经营者和广告发布者进行的停止发布广告、责令公开更正、通报批评、停业整顿、吊销营业执照或者广告经营许可证等形式的处罚，也包括对有关管理责任人的行政处分；经济处罚的主要形式是没收违法所得、罚款等。

追究民事责任或刑事责任，是由人民法院对违法的广告行为进行追究的违法责任。追究民事责任的形式一般为更正、道歉、挽回影响、补偿、赔偿等；追究刑事责任是针对违反法律规定、情节严重、构成犯罪的广告行为而由司法机关实施的刚性处罚形式，包括没收财产、刑罚等。

需要指出的是，对违法广告处罚的手段一般都不是单一的，往往是复合的：行政处罚经常是多种手段并举；刑事处罚往往附带民事责任。

2. 行业自律

（1）行业自律的意义。行业自律是行业的各类组织或个人自发组织成立行业组织，通过制定有关规章约束成员的行为。行业自律的目的是使成员的各类活动符合法律与道德规范，确保行业健康发展并保持企业与社会共同进步。行业自律的意义主要表现在以下几方面：

① 广告行业自律是广告业健康发展的标志。广告业是一个联系广泛、影响较大的企业群体，更要注意与社会的关系，应该承担自己应负的社会责任，不能只顾本企业的利益，而对社会公共利益置之不理。广告企业的发展应和社会的发展保持同步，这样企业才能获得更大的发展空间。行业自律，体现了整个广告业具有较高的社会责任感，是广告业健康发展的标志。

② 行业自律是国家广告管理的重要补充。广告管理是一个系统工程，只有国家管理是不够的，行业自律是广告管理系统中起重要作用的因素。通过行业自律，广告主、广告经营者、广告发布者在广告活动中自觉约束自己的行为，主动按照广告法规的要求从事广告活动，减少违法广告行为的发生，既是广告活动的要求，也是广告管理的目的。其实，广告管理并非只是为了处罚违法广告行为，更主要的是为了预防、减少乃至消灭违法广告行为，使广告健康发展。所以，行业自律是国家广告管理的重要补充。

③ 行业自律是保证广告健康发展的重要手段。广告业能否健康发展，既取决于广告的外部运行环境，也取决于广告业自身条件。广告主、广告经营者、广告发布者是广告活动的主体，他们是具体广告业务的承担者。他们能否按照广告法规和公认的道德准则从事广告活动，是广告健康发展的重要基础之一。

（2）行业自律的形式和内容。

① 行业自律的形式主要有建立行业协会、制定自律规章和自检互检。

A. 建立行业协会。行业自律首先要成立行业组织，广告业的行业组织一般是以行业协会的形式出现的。我国广告界在 1983 年就成立了中国广告协会，其中包括客户委员会、广告公司委员会、报纸委员会、电视委员会、广播委员会、学术委员会等专业委员会，在各地还设有地方广告协会。此外，在外经贸界，有中国对外经济贸易广告协会，后更名为中国商务广告协会。这些行业协会都制定了协会章程，其中包含了行业自律的内容。

B. 制定自律规章。除协会章程包含自律条款外，广告行业协会还制定自律规章，使行业协会成员有了共同遵守的规范，并且对整个行业（包括未参加行业协会的成员）形成一种行业导向，使整个行业都能够自觉按照自律规章开展业务。

C. 自检互检。行业自律是一种自发的自我约束，它主要是通过自我检查、自我约束和行业组织成员之间的互相检查来达到自律的目的。例如，《广告宣传精神文明自律规则》第 15 条规定，“对违反本《规则》的会员单位，中广协将视情节轻重给予批评、通报批评、除名等处分”。

② 行业自律的内容。行业自律要求遵纪守法、保证广告真实可信、遵守公认的道德准则、成员之间互相监督和成员之间交流沟通经验。

3. 社会监督

社会监督是广告管理的重要手段，是依靠社会和公众主动参与的管理行为。社会参与广告管理，让全社会都认识到广告管理的重要性；社会各个层面都来关心广告，对违法广告行为进行揭露，营造一种违法广告无法生根遁形的环境。这是广告管理的社会基础。社会监督的主要途径有：

（1）新闻媒体的舆论监督。新闻媒体的舆论监督是指通过新闻媒体的报道和揭露，将违法广告行为公之于众。新闻媒体的舆论监督一方面可以为广告管理机关提供线索，另一方面可以使消费者了解真相，以免上当受骗。此外，也促使违法广告行为的制造者迫于舆论压力而采取措施，改正错误。

（2）社会团体参与监督。对广告活动进行社会监督，社会团体的积极参与是必不可少的。有些团体的活动有专门法律的保障，如消费者协会、妇女联合会、残疾人联合会等。对涉及危害消费者权益的违法广告行为，消费者协会会主动介入，给消费者维权提供一定的关心和帮助；对损害妇女和儿童合法权益的违法广告行为，妇联的参与有时是必要的或必需的；残疾人联合会关注损害残疾人利益的违法广告行为，这些都属于社会团体正当的监督行为。

（3）公民的举报投诉。对于违法广告活动，无论是政府的查处、媒体的曝光，还是社会团体的介入，往往都离不开公民个人的参与，每个公民都有责任和义务对违反法律的广告行为进行揭露。

当公民发现有广告违法行为或违法广告活动使公民个人的合法权益受到不法侵犯时，可以直接向广告主、广告经营者或广告发布者投诉或交涉，也可以直接向广告管理机关、新闻媒体或有关团体组织举报或投诉，或者向司法机

案例

兰贵人违法广告案

关提起法律诉讼。

广告管理是关系到全社会公共利益的大事，也是关系到广告健康发展的大事，需要国家、广告业、社会三个方面共同努力，离不开全社会的共同参与。

6.2 广告表现与实施策略

6.2.1 广告表现策略

1. 广告表现的含义

广告表现就是根据广告媒体的传播特点，将广告的主题意念、创意构想，充分运用语言、文字、音乐、图片、画面等信息传递形式表达出来的过程。

广告表现在广告的整体策划工作中起承上启下作用，处于广告主题策划、广告创意构想和广告制作之间。在早期的广告活动中，由于广告信息内容简单，可借助的表现形式单一，整个社会广告活动相对稀少，广告表现包含于广告制作过程中。随着商业社会中广告信息数量的日益膨胀，就需要精心地设计广告信息的内容和形式，否则，就会使广告效果受到很大的影响。这样，广告表现才从广告制作过程中独立出来。广告表现和广告制作虽然都是对广告主题和广告创意的表现，但广告表现侧重于通过什么样的形式表现广告的主题和创意，而广告制作则主要涉及一些具体的技术活动，讨论怎样对这些形式进行必要的设计和操作，是处于比广告表现更加具体的层次上的概念。所以，从根本上讲，它们仍然属于不同的范畴。

2. 广告表现的法则

广告的首要目的在于吸引更多的人注意，使消费者的态度发生变化。因此，科学的广告诉求是有一定法则的，也就是我们所说的 AIDMA 法则（艾达玛模式），如图 6-7 所示。

图 6-7　AIDMA 法则

这个过程，也就是广告对消费者进行影响的过程，因而广告表现应首先遵循这一法则。

（1）引起注意。行为科学研究表明，一则广告要对消费者起作用，首先要能够引起人们的注意；如果一则广告不能吸引人的注意，特别是不能引起目标消费者的注意，那么这则广告就等于白做了。因而，广告表现首先应使消费者在无意识中被深深地吸引。广告表现要引起消费者的注意，通常有以下几种做法：

① 在广告标题中突出商品及服务的名称、内容；

② 新颖、独特的广告形式；

③ 通过广告面积大小的对比、色彩的对比、强弱的对比、编排的对比等，凸显该广告与其他广告的差别；

④ 对广告的表现要素如语言、构图、色彩、音响、点与线、附加价值进行有效和科学组合。

（2）激发兴趣。吸引消费者的注意力，还要唤起他们的兴趣，即让消费者继续看下去，并对广告的内容产生浓厚的兴趣。为了引起消费者的兴趣，广告往往要针对消费者的需要进行诉求。其方法通常有：

① 突出商品给消费者带来的利益；

② 针对人体生理需要进行诉求，如商品与服务在满足消费者衣、食、住、行和精神的需要上的作用；

③ 情感诉求，如化妆品、时装等方面的广告强调使用后对异性的吸引力等；

④ 健康的诉求，如药品、卫生用品、体育用品、保健用品的广告强调该产品对人类健康长寿的益处；

⑤ 社交的需要，如节日商品、礼品、饮食服务等广告往往强调对社交和人情味的促进作用；

⑥ 娱乐诉求，一些日用品、家用电器产品，要强调它们在提供娱乐上的作用。

（3）刺激欲望。在消费者对广告商品产生浓厚兴趣时，要充分运用多种表现方法，对其进行劝说，不失时机地进一步刺激其得到或拥有该产品或服务的欲望。刺激消费者欲望一般有以下几种方法：

① 提供保证，表明购买此商品可以给消费者带来的好处；

② 突出商品质量，让消费者对该商品质量产生信任之感；

③ 宣传、表明这种商品在顾客中受欢迎的情况；

④ 突出表现社会名流、明星也使用该商品的信息，产生示范效应；

⑤ 如果不购买此商品，可能产生怎样的消极后果，一般常采用使用和不使用该商品进行比较的方法。

（4）加强记忆。消费者从获得广告信息到采取购买行动，一般要经过一段时间。因此，消费者记住广告的内容就显得十分重要。在广告表现中，可采用以下几种方法：

① 撰写简练、易懂、节奏感强的广告文，醒目、易记的广告标题、

口号；

② 突出企业名称及商品名称；

③ 在广告文稿中加入促使消费者联想的内容，如标志、人物形象等；

④ 运用多种表现手段和方法，加深消费者的印象。

（5）导致购买行为。广告的最终目的，是劝说消费者购买广告所宣传的商品与服务。为了达到这一目的，广告表现常采取的手段和方法是劝说消费者迅速采取购买行为。如立即购买可以享受各种优惠，在规定优惠购物的期限购买等。

3. 广告表现的形式

广告传播的形式多种多样，广告表现的形式更是层出不穷。一方面，从报纸广告、电视广告、广播广告和杂志广告到户外广告、POP广告、直邮广告、网络广告以及各种新的媒介广告，传播形式越来越丰富多彩；另一方面，为了实现AIDMA法则，设计人员几乎借用了所有的表现手段，如文学、诗歌、电视、音乐、摄影、绘画等。从某种角度上说，广告是一种艺术。

然而，广告与其他艺术有着根本的区别，广告表现的最终目的还是促进销售。美国奥美广告公司的创始人大卫·奥格威曾经说过："广告不应被视为一种艺术形式的表现。广告唯一正当的功能就是销售而不是娱乐大众，也就是运用你的原创力或美学天赋，使人们留下深刻的印象。"因而，广告表现应紧紧围绕促销这个中心目标。根据这一原则，可以将广告的表现形式分为三类：

（1）生活信息型。这是一种从消费者的利益出发，宣传商品或服务带给消费者的价值、利益与欲望的满足和给生活带来方便，使生活变得丰富的生活情报，将商品与用户的生活联系起来描述，提出更好的生活方式，同时可做到把商品放到更贴近生活的位置上，以展现商品与消费者生活的关系，从而达到刺激和引发消费者对商品的兴趣，最终促使其购买该商品或服务的目的。

（2）商品情报型。这是以直接传播广告商品的性能、特点、功效等信息的广告表现形式。这种广告表现以突出商品本身的信息情报为主，达到传播信息，引发消费者兴趣，促进商品销售的目的。

早期的广告都是以商品情报型表现居多。一些新产品面市，为了让消费者了解其作用和特点，常常运用这种方法。如电视机、VCD等家用电器刚进入市场时，人们还不了解其性能、特点和作用，通过商品情报型广告对这些功能的介绍或在电视媒体中实际操作给大家看，使消费者逐渐了解并接受这类商品，进而购买。

（3）附加价值型。这种广告表现形式是通过广告商品或服务的附属信息进行强化和宣传，使之具有一种新的附加值，产生新的魅力或强烈的印象，从而吸引消费者的注意，并因此购买该商品或服务。在现代事业竞争中，企业间的生产技术已非常接近，产品质量也无太大的差别。消费者购买商品时，往往根据其对某个企业或品牌形象的印象做出购买决定。因此，企业形象和品牌形象对消费者的影响就显得格外重要。消费者常常凭着对某个企业或品牌的印象好坏，去购买、选择商品。如桑塔纳轿车、海尔彩电、格力空调等，这种原本属于非商品属性的附加价值起着重要作用。

4. 广告表现的方法

广告表现方法

广告创意讲究创意诉求策略，然而在具体实施中，仍然需要广告表现的方法和策略的支持。广告表现方法的运用，除了能引起注意外，还能达到提升广告创意认知强度、强化广告创意认知深度、延长广告创意认知时间以及增加广告创意认知兴趣等效果。因此，应根据广告创意策略，选择相应的广告表现策略，采用恰当的广告表现方法和技巧，从而使创意的效果得以提升。常见的广告表现方法有以下几种：

（1）商品本身表现法。说明商品最简单的方法就是展示商品本身，尤其是广告商品具有其他商品绝无仅有的外观时，采用本法最有效。即使商品被包装，为了刺激消费者的购买欲，仍应设法展示商品的本来面目，包装上如印有厂商的名称，也可对此点加以特写。

（2）衬托商品表现法。虽然商品本身具有特殊功能，但在外观上却与竞争品类似，如果只拿出商品本身易与竞争商品混同。因此，必须在陈列商品的同时，用某种背景加以衬托，用背景的特征显示商品的形象。采用此种方法时，背景应尽量简单，不要过分醒目，商品与背景互为协调，且背景必须与商品印象有关。

（3）使用中的商品表现法。这种表现方法会使人感到商品与日常生活密切相关。例如，只是看某种手机的静态画面，和其他手机的画面毫无二致。如果是实际使用手机的景象，就很深刻，因为映入受众眼帘的是时尚的通信。

（4）证据表现法。如果能把商品使用后的结果，在广告上显示出来，其说服力将会更高。例如，用试管、显微镜等仪器做各种实验，用科学的方法，以证明商品的特性；强调马达振动力小，可在散热器上竖立一支铅笔的照片，以达到说服的效果。

（5）图解表现法。将商品某一局部加以特写，形成具体的表现。当然，所特写的部分应当是该商品最重要的部分，或是它发挥功能的所在。此种方法用作表现该商品在构造上较其他商品特别之处时，非常有效，或将所强调的部分用箭头表示，或用圆圈圈起亦可。

（6）比较对照法。我们说明某种物品时，常会举出其他物品作为证明，广告表现也可用此种方法。为了强调广告商品的销售重点，举出某种类似品进行比较，可以说得更明确、更具体（当然要注意不能违反广告法的规定）。最常见的对商品使用前后的效果比较就属于此种范畴。

5. 广告表现策略

广告表现策略，也称广告诉求策略，是指表现或诉求广告内容时所采用的技巧和方法。它是决定广告信息能否有效地传达给消费者，能否影响其对产品的印象和态度并采取实际的购买行动，进而决定广告效果的重要因素。一般地说，应根据不同的产品特点、不同的消费者特点，采取不同的表现方法。常见的广告表现策略主要有以下几种：

（1）象征广告策略。象征广告策略就是为增加消费者记忆力、增加联想而产生的策略。它是通过借用符号、动物、人物、自然或形象的语言来代表某种商品，以此给消费者以情感的感染，充分调动消费者的心理效应，最终达到树立企业形象和推销商品的目的。

（2）引证广告策略。该策略是指通过引用正面或反面、正确与错误的事实及第三者对企业或产品的评价为广告内容，增加消费者的信任程度，影响其购买行为的一种策略。这种策略主要应用消费者信任他人或信任某种事实的心理，用旁证增强说服力，从而达到广告效果。运用这一广告策略，可引用专业人员证言、权威机构证言、消费者证言、名人证言等，但切记要精确，不能过多、过滥。

（3）情感广告策略。该策略就是把人们心理上复杂的情感变化加以提炼和概括，营造一种情感氛围，把广告宣传内容融于这种氛围之中，以达到广告目标的一种策略。这种策略主要是运用情感对购买行为的支配作用，通过以情感人的方式求得广告效果的完善。对于化妆品、食品或礼品等，都可以运用这一策略。

（4）比较广告策略。是将不同企业的相同商品或同一企业的系列商品进行分析比较，从而激发消费者信任的一种方法。通常所用的方式主要有功效比较、商品结构比较、质量比较、可得利益比较等几种。运用这一策略时，千万要注意不能对其他商品进行贬低性比较。

（5）保证广告策略。该策略是在广告中做出某种承诺式的保证，以增强广告对象的信赖程度，吸引消费者的一种方法。其做法就是在广告中做出某种明确的保证，如保证商品的生产条件、生产工艺、理化成分，商品的售前、售中、售后服务，商品的价格等。在强化消费者对商品的认知和纠正消费者对商品和企业的不正确评价时，可采用这一策略。需要注意的是，广告中所做出的各种承诺性保证，必须以可靠性、真实性、可操作性为前提。否则，只能取得相反的效果。

（6）正向与反向的理性劝导策略。这种策略是指运用正向和反向的从科学道理角度的劝说引导、吸引消费者，增强其对企业或产品的信任，从而达到广告目标。正向劝导是一种激励形式，主要是告诉消费者购买或使用某一产品可能得到的好处，赞许选择正确。反向劝导是一种警告的形式，其主要是告诉消费者不购买或不使用某一产品可能遇到的不便或丧失的某种利益。一般说来，正向劝导是消费者乐于接受的，而反向劝导则应慎重。通常是把二者结合起来运用。

同步案例6-1

背景资料：

这是1998年戛纳广告节平面广告大奖的作品——刹车痕。一辆漂亮的SLK型敞篷汽车停靠在路边，周围没有一个人，只看到经过奔驰车的道路左前方，有着深深的刹车痕迹（见图6-8）。

图6-8　奔驰SLK广告

在色彩的运用上此广告巧妙利用了明暗对比。画面左上半内容是黑色阴影中停靠在路边的三辆汽车，在黑色阴影和一前一后的黑色轿车衬托下，银白色的奔驰SLK无疑成为视觉的焦点，汽车标志也就一目了然；画面右下方是反衬着灰白色的柏油路面，在灰白色的背景下，数道黑色的刹车痕清晰可见。画面的巧妙用色和构图凸显了广告的重点信息。同时，消费者在初看到广告时，脑海里会打个问号，停下来思考“Why”，奔驰旁边的刹车痕是怎么回事。略微思考后会会心一笑：原来由于吸引了其他驾驶者的注意力，使他们不由得刹住车停下来看个究竟，久而久之，刹车痕一道又一道地留在了道路上。

此广告没有文案，仅有一个奔驰标志和“新款SLK”一行字。奔驰的魅力在这一静一动、一明一暗的比较中，让受众心领神会，对此优秀的创意过目不忘；构图和色彩的运用带来视觉冲击力，与产品有良好的关联性；诉求点的明确单一让此则广告获得了第44届戛纳广告金奖。

资料来源：郑小兰，谢璐．广告原理与实务［M］．北京：北京大学出版社，2000。

问题：该广告优秀之处表现在哪些方面？举2~3个生活中的例子加以说明。

分析提示：从广告表现的AIDMA法则中引起注意、激发兴趣、刺激欲望、加强记忆、导致购买行为等方面进行分析。

6.2.2 广告实施策略

广告策略要实现由观念形态变为现实的行动，就必须有具体的实施策略。广告实施策略就是按照竞争制胜的原则，科学合理地筹划广告在时机上有序推进的策略，从而使广告策略克服种种因素的制约发挥最佳效应。

广告实施策略主要包括广告区域策略和广告时机策略。

1. 广告区域策略

正确选择广告的区域，确立广告送达对象的范围，利用广告的空间效果，促进商品销售是广告区域策略的关键所在。检验广告成败的重要准则就是能否实现销售额的扩大。广告区域的选择，也必须遵循这一原则。

（1）影响广告区域选择的环境因素。由于广告仅仅是市场营销组合的一个子系统，而市场营销组合是为了适应市场环境，增强企业活力，实现企业目标。因此，广告区域的选择要充分考虑广告环境。广告环境对广告主来说是一个不可控因素，对广告起极大的制约作用和导向作用。广告环境主要包括自然环境、国际环境、产业环境、企业环境和商品环境等内容。

① 自然环境。自然环境主要指气候、季节、节气等自然因素，这些因素会影响许多商品的销售及广告宣传。例如，空调、啤酒、冷饮、时令糕点等商品，如果在自然环境不理想的地方发布广告，是没有多少价值的，只能造成浪费。又如，在海南做暖气设备广告，显然不合“地利”。所以，自然环境因素是制约商业广告发布的重要因素之一。

② 国际环境。随着通信与交通的飞速发展，经济全球化的国际市场正在形成。企业尤其是外向型企业要着眼未来，放眼世界，营销的目光不仅要盯住国内市场，还要盯住国际市场。各国的贸易政策、经济发展水平、文化风俗习惯、较大的政治活动等，都必须作为选择广告区域的重要因素。例如，用猪肉制成的火腿肠的广告就不能在伊斯兰教国家和地区发布，这样做非但不能带来经济效益，相反还会引起民族仇视。

③ 产业环境。产业环境关系行业的竞争、投资的转移、产业的兴衰更替

等，能否准确地把握这些因素，对企业广告区域的选择很有影响。把握得好，广告区域的选择成功，无疑会给企业带来营销上的成功。

④ 企业环境。企业环境主要指企业的社会地位、市场地位、竞争关系等。选择商业广告的发布地点，应充分分析这些因素，以避实就虚，出奇制胜。

⑤ 商品环境。商品的特性、生命周期、售后服务、消费者的购买习惯等因素对广告区域的选择也有影响。例如，某种在发达地区已淘汰的商品，在落后地区可能是先进的，若将广告在后者的地域中发布，就有可能取得预期的广告效益。

（2）广告区域策略的选择。广告主在什么区域开展广告宣传，主要是根据产品供求状况、竞争对手的情况而确定的。从区域的角度看，凡是产品有销路或尚未打开销路的地区，都应该进行广告宣传。从竞争的角度看，为了培植消费偏好，提高市场占有率，广告主也应该加强宣传。所以，企业应根据不同目标和任务的要求，借助多种广告媒体，选择适当的广告区域策略。

在广告活动中，对产品区域推进路线应有战略上的考虑。比如，先重点开拓哪些地区，再扩大到哪些范围，如何占领与转换市场等，这些都涉及广告策略的运用与配合。

① 选择广告区域的方法。主要有重点扩散法、稳定占有法和灵活机动法。

A. 重点扩散法。即选择最有可能率先打开市场的重点区域，取得巩固后再依次扩散发展，犹如发射式的传递。如某种茶饮料新品，先选择广东、浙江作为重点市场，待开拓后再转向其他市场。广告区域与之配合，先广东、浙江，后其他省（市）。

B. 稳定占有法。某些产品只有在一定的区域才有最大的销售量，企业就要采取牢牢掌握这些区域市场的策略，广告策略也应给予密切配合。

C. 灵活机动法。采取打一枪换一个地方的战术，依据市场变化不断地改换区域。一般适用于流行性强、生命周期短的产品。广告也灵活多变，适时跟进，保证产品销到哪里，广告的影响就扩大到哪里。

② 选择广告区域的策略。选择广告区域的策略可以从两个角度去考察：一是广告的覆盖方式；二是广告的传播范围。

A. 从广告的覆盖方式看，有以下几种策略：

a. 全面覆盖。指集中一段时间对某一目标市场进行突击的广告攻势，以迅雷不及掩耳之势全面覆盖目标市场。这种广告策略讲求神速和整体性，采取覆盖面大的媒体及媒体组合，对某一地区展开大规模的广告活动，像闪电一样在市场全面展开，多频率、多方位刺激视听，增强形象和品牌的知名度。

b. 重点覆盖。指选择销售潜力大的子市场即重点区域，有目的、有重点、有选择地进行广告宣传活动。这种广告策略能起到节省广告费、提高效益的作用。

c. 渐次覆盖。指对几个不同地区的广告宣传分阶段循序渐进，逐一覆盖。有的采用由近及远的市场策略，与此相适应，广告也逐一推进，慢慢渗透，而不必在目标市场范围内全面展开。

d. 特殊覆盖。指在特定的环境条件下，对某一地区或某种特定的消费群体有针对性地进行覆盖。

e. 脉冲刺激。一件事物，对人的感官刺激的次数越多，人们对它的记忆就越深。对同一地区采取脉冲式的广告形式频频刺激受众，将起到意想不到的效果。

B. 从广告传播的范围看，选择广告区域的策略有以下几种：

a. 地方性广告策略。是当产品或观念仅在一个城市或乡镇、直接贸易区域、某一生活范围内传播时所采取的广告策略。企业一般较重视选择地方性的广告媒体，如户外广告媒体或地方性新闻媒体。另外，有些行业的新产品，为了试探一下市场反应，需要在某个地方或商店开展试销时，也可选择此策略，采用当地报纸、大众读物做广告及售点广告、展销会广告等。

b. 地区性广告策略。是在某种产品或消费观念适用于某个地区，具有共同特征的自然地理、风俗习惯、民族或语言等条件时所采取的广告宣传策略。地区性与地方性相比范围更大，可能包括几个省（市），或者一些毗邻的贸易区。地区性广告宣传，可以选择地区性广告媒体，如全国性媒体的地区版或地区节目。

c. 全国性广告策略。有的商品或观念适宜在全国性范围内传播，这时采取的广告宣传媒体应是针对全国范围的全国性报刊、广播电视，也可以选择户外、交通、电影等流动性范围大的媒体。

d. 世界性广告策略。通常是在主销市场或欲打入的市场确定适当的媒体开展广告宣传。这可以通过国际广告咨询机构或使馆商务部门的参赞等途径来加以选择。

e. 选择性广告策略。有的产品或观念广告，适应特殊的对象。这些特殊对象可能存在于某个地方、地区，也可能存在于全国和全世界。在选择广告媒体时，要注意其专有性，如某些专业性杂志。

2. 广告时机策略

正确地把握广告的时机，是提高广告宣传效果，促进企业产品销售的重要一环。过时的广告，意味着广告费的浪费。因此，广告主必须恰当选择广告时机策略。

（1）广告进入的时序选择。

广告时机策略

① 提前进入。就是在产品进入市场之前进行广告宣传，为产品进入市场做好舆论准备。在新产品上市的广告时序中，智者之谋，在于巧用时间差，广告先于商品入市，使消费者翘首以待，造成有利的市场地位。有些新产品上市前的悬念广告造成一种“千呼万唤始出来”的局面，往往起到较好的广告效果。

② 即时进入。开展广告活动与产品上市采取同步策略，这是零售商店或展销会期间常用的方法，满足了消费者想立即购买新产品的心理，其广告效果显现及时。

③ 置后进入。产品先行上市试销后，根据销售情况分析、把握这种产品的市场规模与销售潜力，决定广告投入的时机与数量。这是一种较稳妥的广告发布策略，可能在目标市场上更为准确。

（2）广告时机。

① 节假日时机。节假日有政府法定的和民间风俗形成的等形式，由于人们在节假日闲暇时间增多，往往容易形成某种消费高潮。节日消费一般具有明显的特点，如传统的春节、元宵、清明、中秋等。这类广告要求有自己的特色，推动节日消费形成高潮。假日消费以日常生活用品和娱乐性消费为多。零售企业和服务行业一般在节假日数天前便开展广告宣传，让消费者有充裕的时间酝酿和形成消费动机。节假日过后，宣传便告一段落。

案例

走，吃山东老鹅去

② 季节时机。季节性商品一般有淡、旺季之分，企业往往抓住旺季销售的大好时机，投入较多的广告费，增大广告推销力度。转入淡季后，广告宣传在数量和频度上都适当减少。当然，目前少数商品也采用反季节广告宣传方式。比如，珠海格力空调在冬季也大做广告，以价格优势为主要诉求点，让用户“冬备夏凉”，从从容容地得到更多的实惠。

③ 黄金时机。电视和广播均有广告发布的黄金时机。在这些时段上发布广告接收率最高，广告传播效果最好。许多企业不惜重金，以竞争投标方式取得这些时段。如中央电视台黄金时段的广告竞拍引起广告界和企业界的高度重视。许多省（市）的电视节目也纷纷仿效中央电视台拍卖广告的黄金时段。

④ 重大活动时机。企业每年的几个重要节日，如企业的开张、庆典或获奖时机，以及某些重要文化或体育赛事等活动，都是推出广告的极好时机。这些广告由于注意融入节日或文化气氛，使广告信息具有易被接收、传播面广及效果好的特点。

同步案例6-2

雕牌洗衣粉的电视广告

背景资料：

雕牌洗衣粉的电视广告给人留下了深刻的印象。一个贫寒的家中，小女孩自语："妈妈整天在外工作，我能帮妈妈做点什么呢？"小女孩拿出雕牌洗衣粉开始洗衣服。当女工疲惫地回到家，看到已经熟睡的女儿和留下的字条"妈妈，我能帮您干活了"，泪水夺眶而出。这时恰到好处地响起了画外音：只买对的，不买贵的。

资料来源：根据网络资料整理。

问题：该案例使用了什么广告策略？举例说明2~3个其他广告表现策略。

分析提示：该广告使用了情感广告策略。这则广告不仅展示了母女骨肉亲情，而且成功地表述了雕牌洗衣粉的目标市场定位。

6.3 广告效果

6.3.1 什么是广告效果

广告效果，是指广告信息通过广告媒体传播之后所产生的所有直接或间接的影响效应，是媒体受众对广告活动的结果性反应。这种影响效应可以分为对媒体受众的心理影响效应、对媒体受众社会观念的影响效应以及对广告产品销售的影响效应。

1. 广告效果的种类

对于广告效果的划分，有不同的标准，并据此可以划分为不同的种类。在这里，我们根据广告效果的层次，将广告效果划分为心理效果、经济效果和社会效果。

（1）心理效果，又称传播效果，是指广告信息传播后对受众产生的各种心理效应，包括对受众知觉、记忆、理解、情感、需求及行为等方面的影响。传播效果是广告传播效力的直接反映，是广告效果的核心因素。

（2）经济效果，是指广告主从广告活动中所取得的经济效益，包括由广告引发的产品与劳务销售和利润的变化效果，以及由此引发的市场竞争格局的变化、行业乃至宏观经济的波动等。经济效果是广告主最关注的效果。

社会效果

（3）社会效果，指除经济效果之外，广告活动对社会文化、伦理、道德乃至政治等方面所造成的影响。社会效果是商业广告活动的衍生物，同时是公益广告追求的目标。

2. 广告效果的特性

广告效果的特性主要表现为：

（1）时间的滞后性。广告活动对媒体受众的影响程度受经济、文化、风俗、习惯等多种因素综合制约。有的媒体受众可能反映快一些，有的则慢一些；有的可能是连贯的、续起的，有的则可能是简短的、迟效的。一般来说，广告效果在时间上具有明显的滞后性，这种滞后性使广告宣传的效果不能很快、很明显地显示出来。

（2）效果的积累性。广告宣传活动往往是连续不断或反复进行的。某一时点的广告效果都是这一时点以前的多次广告宣传积累的结果。媒体受众从接受广告活动到产生购买行为可能需要一个较长的时期，这个时期就是广告效果的积累期。广告主通过连续不断地、反复地进行广告宣传，不断加深印象，不断激发广告受众产生购买欲望，最终产生消费行为。

（3）效果的复合性。首先，广告活动由于应用不同的媒体组合，广告效果往往是各种媒体广告共同作用产生的，具有复合性；其次，广告活动受表现手法的影响，如同样是互联网广告，有文字广告、图片广告、动画广告、旗帜广告、走马灯广告、弹出式广告等，广告效果是不同表现手法共同作用的结果，具有复合性；最后，广告主在一个时期可能同时发布观念广告、企业广告、产品广告等不同类型的广告，甚至是不同产品的广告，其效果往往是不同类型的广告共同作用的结果，具有复合性。

（4）效果的间接性。广告效果的间接性也称为二次或多次传播性。主要表现在两个方面：一方面，受广告影响的消费者，在购买商品之后的使用或消费过程中，会对商品的质量和功能有一个全面的认识。如果消费者认为商品、服务或企业值得信赖，就会产生安全感，会重复消费；另一方面，消费者可能将自己信赖的产品、服务或企业推荐给亲朋好友，从而间接地扩大了广告效果。

（5）效果的层次性。广告效果是有层次性的，有经济效果与社会效果之分，也有眼前效果与长远效果之别。广告经营者在开展广告宣传活动时，不能只看到经济效果而忽视社会效果，也不能只顾眼前的利益而忽视长远的发展。

6.3.2 广告效果测定的原则和程序

1. 广告效果测定的原则

为确保广告效果测定结果的科学性、准确性，对测定过程的把握很重要。测定工作必须遵循以下原则：

（1）针对性原则。针对性原则要求进行广告效果测定时必须有明确而具体的目标。例如，明确测定的内容是心理效果、经济效果还是社会效果，是短期效果还是长期效果；如果确定为心理效果，是测定态度效果还是认知效果；如果测定的是认知效果，是测定媒体受众对产品品牌的认知效果，还是对广告产品的功能特性的认知效果；等等。目的越明确，针对性就越强，广告效果测定效率就越高。

（2）可靠性原则。可靠性原则要求在进行广告效果测定时必须讲求可靠性，只有测定的结果具有可靠性，企业才能进行正确决策，提高经济效益。要讲求可靠性就要从调查人员、调查方法、素材数据、理论依据、分析结论等各种营销测定结果的因素着手，把握广告效果测定的各个环节，如设法提高抽取调查样本的典型性和代表性；合理设计调查表，采用科学、先进的汇总分析方法；全面考虑各种影响因素。此外，对于某些关键数据要反复验证。

（3）综合性原则。综合性原则要求企业在进行广告效果测定时全面了解、把握各种影响因素，综合分析各种可控因素与不可控因素。避免受制于某些单一因素或片面分析，得出虚假结论。我们可以将影响广告效果的因素分为可控因素和不可控因素。可控因素是指广告主能够改变的，如广告预算、媒体组合、发布时间、发布频率等；不可控因素是指广告主无法控制的外部宏观因素，如社会政局的变化、法规的颁布与废止、消费者的风俗习惯、文化差异等。广告主和广告经营者尤其要注意把握不可控因素，做到心中有数，以便有效利用其有利的一面，避免其负面影响。

（4）经常性原则。由于广告效果具有时间上的滞后性和效果上的积累性、复合性以及间接性等特征，因此就不能抱有临时性或一次性测定的态度。本期的广告效果也许并不是本期广告宣传的结果，而是上期或者过去一段时间内企业广告促销活动的共同结果。因此，在广告效果测定时就必须坚持经常性原则，要定期或不定期地测定。

（5）经济性原则。经济性原则要求进行广告效果测定时，搞好广告效果测定的经济核算工作，尽可能用较少的成本取得较好的测定结果。如所选取的样本数量、测定模式、地点、方法以及相关指标等，既要有利于测定工作的展开，也要从广告主的经济实力出发，考虑测定费用的额度，充分利用有限的资源，避免使测定工作异变为广告主的负担。

2. 广告效果测定的程序

广告效果测定的程序大体如下：

（1）确定测定课题。广告效果测定人员要把广告宣传活动中存在的最关键和最迫切需要了解的效果问题作为测定的重点，设立正确、适当的测定课题。确定测定课题一般有两种方法：一种是归纳法，即了解广告主广告促销的现状，根据广告主的要求归纳、确定研究目标；另一种是演绎法，即根据广告主的发展目标以及企业广告促销的现状，分析、确定测定课题。

（2）制定测定工作计划。具体包括制定计划、做好组织与人员分工等内容。计划部分尤其重要，其内容应由课题实施步骤、调查范围与内容、质量要求、完成时间、人员组织、费用酬金、委托关系双方应有的权利与应承担的责任等内容组成。组织与人员分工是后续工作有序、高效开展的基础。在制定计划的同时，应根据测定课题的要求和测定调查研究人员的构成情况，组建测定研究组；要注意选好课题负责人，要根据人物和成员情况进行合理分工。

（3）收集有关资料。测定课题收集的资料可分为外部资料和内部资料。外部资料主要是与企业广告促销活动有联系的政策、法规、计划及市场供求、消费习惯、媒体状况等所在地有关资料；内部资料包括企业近年来的发展战略、管理状况、产品研发、销售与利润、广告活动、挑战与机遇等。

（4）整理和分析资料。即对通过调查等途径所收集的大量信息资料进行分类整理、科学分析。分类方法有多种，根据需要可以按时间顺序、按问题性质、按专题范围、按影响因素等分类。分析方法有综合分析和专题分析两类。综合分析是从企业的整体出发，全面分析企业的广告效果；专题分析是根据广告效果测定课题的要求，在对调查资料汇总以后，对企业广告效果的某一方面进行的分析。

（5）论证分析结果。召开分析论证会，运用科学方法，对广告效果的测定结果进行全方位的评议、论证，使测定结果进一步科学、合理。

（6）撰写测定分析报告。广告经营者要对经过分析、讨论并征得广告主同意的分析结果，进行认真的文字加工，写成分析报告。广告效果测定分析报告的内容主要包括序言，广告主概况，测定的调查内容、范围与基本方法，测定的实际步骤，测定的具体结果，改善广告活动的具体意见等。

6.3.3　广告效果评估的方法

广告效果的种类不同，其效果测定的方法也有所区别。现就有关内容分析如下：

1. 广告心理效果测定

（1）心理效果测定的内容。心理效果测定的目的是了解广告播出后对受众心理的影响程度，内容包括广告知晓度、认知和偏好等。

① 广告知晓度的测定。广告知晓度是指媒体受众通过多种媒体了解某则广告的比率和程度。广告知晓度的计算公式如下：

$$\text{广告知晓度} = \frac{\text{被调查者中知道该广告的人数}}{\text{被调查者总人数}} \times 100\%$$

广告知晓度用于测定商品或企业不同阶段广告效果，在不同时期具有不同的指导意义。当新产品上市时，广告活动的目标是告知媒体受众某品牌产品的存在。当产品处于成长期、成熟期或衰退期时，广告的诉求点则在于产品的功能及特性等方面信息的传输。

② 认知（内容回忆）状况的测定。广告内容回忆状况的测定，是借助一定的方法测评媒体受众对广告内容接受质量的一种方法。"回忆"常被用来确定消费者记忆广告的程度，记忆的准确率与广告的吸引力是成正比的。对广告回忆的方法，主要有无辅助回忆和辅助回忆两种。无辅助回忆，又称纯粹回忆。这种方法是指让媒体受众独立地对某些广告进行回忆，调查人员只如实记录回忆情况，不作任何提示。如可以问："请您想想在过去几周中，有哪些品牌的方便面在电视上做了广告宣传？"而不能进一步提示："就是那个小品演员作形象代言人的方便面。"辅助回忆是指调查人员在调查时，适当地给被调查者某种提示。例如，提示广告的商标、品牌或色彩、标题、插图等。如问："您记得最近看过或听过的荣事达全自动洗衣机的广告吗？"

③ 受众偏好状况测定。在竞争的环境中，消费者往往会对某种产品、服务或企业采取较固定的态度取向，这种心理特征我们称为偏好。偏好也是一种较常见的消费现象，如某人总是使用（或贬低）一种牙膏、光顾（或诋毁）某家商场，总是对某家企业抱有好感（或偏见）。偏好一旦形成，在一定时期内是相对稳定的，将会对其一系列的购买行为产生直接影响。

（2）广告心理效果测定的方法。测定广告心理效果根据安排时间的不同可以分为事前测定、事中测定和事后测定，相应的测定方法也分为三种类型。从广告效果测量的目的看，事前测定、事中测定和事后测定的最大差别在于，事前测定、事中测定的作用在于诊断，以找出并及时消除广告中的沟通障碍；而广告事后测定的作用则是评价广告刊播后的效果，目的是了解广告实际产生的结果，以便为今后的广告活动提供一定的借鉴。

① 广告心理效果的事前测定。广告心理效果的事前测定，是在广告作品尚未正式刊播之前进行的。主要工作包括邀请有关广告专家和消费者团体进行现场观摩，共同对广告可能获得的效果进行评价。根据测定的结果，广告主、广告经营者可以及时调整广告促销策略，改进广告创意与制作，提高广告的成功率。心理效果事前测定常用的具体方法主要有专家意见综合法、评分测定法、组群测试法、仪器测试法等。

A. 专家意见综合法。专家意见综合法是事前测定中比较简便的一种方法。做法是在广告文案设计完成之后，邀请有关广告专家、心理学家和营销专家，对广告作品、媒体组合以及可能产生的效果进行多方面、多层次的思考和探讨，对广告设计方案提出自己的见解。然后综合所有专家的意见，得出预测效果。

为了提高专家意见的可信度，要注意所邀请的专家应能代表不同的广告创意趋势，以确保所提供意见的全面性和权威性；在数量上，专家人数以

9~15人为宜，少了不能全面反映问题，多了则浪费时间。此外，事前要给专家提供一些必要的资料，包括设计的广告方案、广告产品的特点、广告主生产经营活动的现状及背景资料等。

B. 评分测定法。这种方法是把被测试的广告作品向一组受众展示，然后请他们对这些广告进行评比打分。这种评比法用于评估消费者对广告的注意力、认识、情绪和行动等方面的强度，评价分值与广告效果成正比。评分测定法常用广告评价表进行，如表6-2所示。

表6-2　广告评价表

项目	说明与提示	分值	评分
广告吸引力评价	吸引受众注意力程度如何？	10	
	吸引购买者的程度如何？	10	
广告易读性评价	使受众持续阅读的可能性如何？	20	
辨认力评价	广告信息或利益的鲜明程度如何（能否显示产品的益处）？	20	
好感度评价	广告主题满足消费者诉求的程度如何？	10	
	广告设计激起购买欲望的程度如何？	10	
行为度评价	广告使受众改变购买行为的能力如何？	10	
	受众受广告影响而改变购买行为的可能性如何？	10	
合计		100	

C. 组群测试法。这种方法是让一组消费者观看或收听一组广告，对时间不加限制，然后要求他们回忆并回答广告内容方面的提问，主持人可给予帮助或不给帮助。他们的回忆水平表明广告的突出性以及信息被了解或记忆的程度。

D. 仪器测试法。此法是在实验室内运用仪器（机械）方法测量广告在人的心理上的反映。自从1890年出现广告视力测像机后，类似仪器如视向测量仪、皮肤反射测验仪、心理测量仪等就广泛地被采用于广告效果的实验室测量。

② 广告心理效果的事中测定。广告心理效果的事中测定是在广告刊播后进行的，是指在广告活动实施期间随时了解受众反应、测试和验证广告策略是否符合实际的监测活动。事中测定可以直接了解媒体受众在日常生活中对广告的反应，得出的结论也更加准确可靠。一旦发现问题，可以及时进行调整、修

改或补救。常用的广告效果事中测定法有市场测验法、回函测定法等。

A. 市场测验法。选定一两个试验区刊播已设计好的广告，然后同时观察实验地区与尚未推出广告的一般地区，根据媒体受众的反应情况，比较试验地区与一般地区之间的差异，就可以对广告促销活动的心理效果作出测定。

B. 回函测定法。这种方法一般采用调查问卷的形式进行。该方法一般要给回函者一定的报酬，通常采用有奖反馈的形式，以鼓励他们积极回函反馈信息。调查问卷可以是记名的，也可以是不记名的。即使是不记名的，被调查者也被要求将自己的年龄、职业、文化层次、家庭住址、家庭年人均收入等基本情况填在问卷上。调查表中要尽可能详细地列置调查问题，以便对广告的心理效果进行测试。问卷的调查问题可以根据需要自行设计，但各种问题应当涵盖以下相类似的内容：

a. 您看过或听过有关某品牌产品的广告吗？

b. 您是通过什么媒体接触到某品牌产品的广告？

c. 该广告的主要内容是什么？

d. 您认为该广告有特色吗？

e. 您认为该广告的构图如何？

f. 您认为该广告的缺点是什么？

g. 您经常购买什么品牌的产品？

广告事中测定的主要优点是：它能及时收集反馈信息，依据这些信息能发现广告沟通中的各种问题，并能迅速有效地加以纠正；事前测定是在人为的情境中在较小范围内进行的，而事中测定是在实际市场中进行的，因而所得结果更真实，更有参考价值。

③ 广告心理效果的事后测定。广告心理效果的事后测定是指在广告活动结束后，有关方面对广告效果所进行的综合评测。它依据既定的广告目标来测量广告结果。因此，测量内容视广告目标而定，包括品牌知名度、品牌认知、品牌态度及其改变、品牌偏好及购买行为等。

广告心理效果的事后测定虽然不能直接对已经完成的广告宣传进行修改或补充，却可以通过这种评估衡量广告促销活动的业绩，评价广告策划的得失，积累经验、总结教训，以指导以后的广告策划。在美国，广告后测几乎成为广告主和广告公司的惯例。

广告心理效果的事后测定有两层含义：其一是当广告刊播过程结束后，立刻对其心理效果进行测定；其二是在广告宣传活动开展一段时间后，再对其心理效果进行测试。

广告心理效果事后测定常用的方法主要有以下几种：

A. 要点评分法。请被调查者就已刊播过的广告的重要内容打分，各项得分之和就是该广告的实际效果，如表 6-3 所示。

表6-3　广告心理效果评分表

项目	评分依据	分值	评分
吸引力	吸引注意力的程度	20	
认知力	对广告诉求重点的认识程度	20	
说服力	广告引起的兴趣如何	10	
	对广告的好感程度	10	
行动力	由广告引起的立即购买行为	10	
	由广告唤起的购买欲望	10	
传播力	由广告文案的创造性而引起的传播程度	10	
综合力	广告的整体效果	10	
合计		100	

B. 雪林（Schwerin）测定法。也称为影院综合测验，该方法是美国雪林调查公司（Schwerin Research Co.）根据节目分析法的原理，于 1964 年发明的测定广告心理效果的方法。该方法又分为三种：一是节目效果测定法。该方法要求召集一定数量并有代表性的观众到剧场，广告经营者说明测验的标准以后，请观众按照个人的意见对进行测验的广告表演节目评分定级。评分通常分“有趣”“一般”“枯燥无味”三个级别。评分测验之后，还要请观众进一步说明喜欢或讨厌广告节目中的哪一部分，并阐明理由，或者征求观众对广告节目的意见、建议。广告主、广告经营者对整个测定过程所收集的改进意见进行统计、汇总，以作为今后设计或制作广告节目的重要依据。二是广告效应测定法。广告效应测定法与节目效果测定法的内容基本相同，也是通过邀请具有代表性的观众到剧场或摄影棚，欣赏进行测定的各种广告片。不同之处是，该方法要求媒体受试者在未看广告片之前，根据入场者持票号码，在组织者提供的商品中选择自己喜欢的商品。这些商品中，既有将在广告片中播放的品牌，也有主要竞争对手的品牌。广告片播放以后，请观众再一次作出选择。通过所得资料进行统计分析，可以综合评定广告的趣味性、传达力、品牌选择倾向和说服力等。三是基本电视广告测验法。这种测验法的目的在于客观地评价和判断电视广告片的优劣，力求用标准化的程序测验电视广告的效果。基本电视广告测验的项目主要有趣味反应、回忆程度、理解程度、广告作品诊断、效果评定、购

买欲望、广告片的整体效果等。

雪林测定法的优点是客观、全面，能真正反映媒体受众的心理活动状况；缺点是仅局限于电视广告效果实验，操作技术性强，成本高，且只能考察消费者初次接触广告时的心理效果。

2. 广告经济效果测定

广告经济效果测定，主要是利用统计分析方法，对一定的广告投入所带来的销售额、利润额的增减变化进行比较研究，以反映广告的经济效果。销售额和利润额是衡量广告经济效益的两个基础指标。而在实际进行经济效果测定的过程中，广告效益指标、市场竞争力指标等是常用的分析指标。

（1）广告经济效果测定的内容。

① 广告效益指标。广告效益指标通常指每支出单位广告费用能够带来的销售额、利润额的增加量，包括单位广告费用销售增加额和单位广告费用利润增加额等指标。

② 市场竞争力指标。市场竞争力指标一般通过市场占有率来反映。市场占有率是指企业某种产品在一定时期内的销售量占市场同类产品销售总额的比率，或单位广告费用销售增加额与同行业同类产品销售总额的比率。市场竞争力指标在一定程度上反映企业产品在市场上的地位、竞争力和广告的市场拓展能力。

（2）广告经济效果测定的方法。广告的销售效果一般比传播效果难测定，因为销售除了受广告促销的影响外，还受其他许多因素的影响，诸如产品特色、价格、售后服务、购买难易程度以及竞争者的行动等。这些因素越少、因素的可控性越高，广告对产品销售量的影响就越容易测定。

常用的广告经济效果测定的方法主要有以下几种：

① 销售试验测定法。销售试验测定必须首先选择某地区作为广告宣传的试验区，试验区的经济结构最好具有独立性，不受周围地区的影响；其次要尽量控制这一地区的其他一切影响销售量的因素，让广告宣传成为影响销售量的唯一因素。试验的做法是在被测试地区内选择若干个销售点，同时销售某种商品，其中有的做广告，有的不做广告。然后根据销售点销售量之差进行统计分析，计算得出效果指数。

② 比率计算法。比率计算法是通过广告活动前后企业销售额、利润额的变化数据以及广告费用等资料进行统计分析，计算出各种比率，用于衡量广告效果的经济效益。常用的分析方法有广告费用比率法、广告费用利润率法、单位广告费用销售增加额法、市场占有率法等。

A. 广告费用比率法。为测定每单位销售额所支付的广告费用，可以采用广告费用比率这一相对指标。它用以表明广告费用支出与销售额之间的对比关

广告费用率

系。其计算公式为：

$$广告费用比率=\frac{本期广告费用总额}{本期广告后销售总额}\times 100\%$$

广告费用比率的倒数可以称为单位广告费用销售率，它表明用以每支出一单位的广告费用所能实现的销售额。计算公式为：

$$单位广告费用销售率=\frac{本期广告后销售总额}{本期广告费用总额}\times 100\%$$

B. 广告费用利润率法。广告费用利润率用于反映本期单位广告费用所带来的利润率变化指标。计算公式为：

$$广告费用利润率=\frac{本期广告费用总额}{本期广告后利润总额}\times 100\%$$

C. 单位广告费用销售增加额法。单位广告费用销售增加额，是指受广告活动影响单位广告费用所引起的销售额的变化。单位广告费用销售增加率表明本期广告费用总额所引起的销售增加额变化的关系状况。计算公式为：

$$单位广告费用销售增加率=\frac{本期广告后销售额-本期广告前的销售额}{本期广告费用总额}\times 100\%$$

D. 市场占有率法。市场占有率是指某品牌产品在一定时期、一定市场的销售额占同类产品销售总额的比例。计算公式为：

$$市场占有率=\frac{某品牌产品销售额}{同类产品销售总额}\times 100\%$$

3. 广告社会效果测定

广告宣传的社会效果是指广告刊播以后对社会政治、文化、伦理等方面的影响。这种影响不是广告活动本身所要达到的目的，却是广告活动所带来的必然产物，有正向的影响和负面的影响。广告社会效果的测定就是对该影响的测定。

（1）广告社会效果测定的内容。

① 真实性与科学性。广告活动要取得良好的社会效果，首先就必须真诚为本，尊重科学。广告宣传如果含有欺骗、浮夸、迷信等内容，就不可能产生良好的社会效果。

② 合乎法律与道德规范。法律与道德规范是社会价值观念的集中体现，是社会得以健康发展的基础。广告活动只有在法律的框架内、在道德允许的范围内，才能取得良好的社会效果。是否合乎法律与道德规范，这是广告社会效果测定的重要内容。

③ 公正性与公平性。广告是以宣传广告主及其商品、服务为目的的，难免涉及其他企业、个人以及其他同类商品、服务。广告活动必须本着公正、公

平的原则，自觉维护市场经济秩序。广告主和广告经营者在广告经营活动中不应当排斥、诋毁其他企业和其他产品，不应当利用广告媒体误导消费者。

（2）广告社会效果测定的方法。

① 综合测定法。广告社会效果主要是依靠社会长期建立起来的价值观念来进行评判，但也可以借助数量和指标来衡量，可以和广告的心理效果测量使用的专家意见综合法、评分测定法、组群测试法结合应用。

② 把好事前测定关。因为广告的社会效果造成的影响远比其心理效果、经济效果造成的影响范围大、程度深、时间长，如果产生不良影响，补救的难度很大，所以必须把好事前测定关。其要领是：

A. 利用广告心理效果事前测定的机会，尤其是要注意邀请有关专家和社会公众共同参与对广告社会效益的事前评测，及时发现广告作品有可能带来的社会效益问题。

B. 认真进行广告审查，主要是对照《中华人民共和国广告法》《广告宣传精神文明自律规则》《广告活动道德规范》《广告行业公平竞争自律守则》以及其他相关的法律、规章、制度等进行自查，发现有相抵触、违背的内容，应及时进行修正。

③ 认真对待公众反馈。当公众发现广告作品的问题后，可能采用电话、信函（包括电子邮件）甚至当面反馈的方式，同广告主、广告经营者或广告发布者进行沟通，也有可能通过其他途径向监管部门或新闻媒体进行反映、举报。无论是何种方式，都应及时、认真地对待公众反馈，这是发现广告社会效果问题并能够及时进行补救的最后机会。

拓展阅读6-1

2019年中国互联网广告市场规模将达到600亿美元

随着通信基础设施的完善、网民规模的扩大和“互联网+”计划的出台，互联网带动了传统产业的变革和创新，广告和互联网相结合的互联网广告行业也在快速发展。互联网广告以其精准度高、互动性强以及营销成本相对较低等显著特性，吸引了越来越多的广告主。互联网广告已成为广告客户的主要投放方式之一，市场规模也在持续高速增长。中国是仅次于美国的全球第二大互联网广告市场，2017年总收入达到457亿美元，比上年提高了21.9%。根据数据预测，未来几年，这一收入将以11.8%的年均复合增长率持续增长，2019年达到近600亿美元，并在2022年预计达到800亿美元。国内互联网广告市场仍有巨大的发展空间。

近年来，随着移动智能终端设备的普及、移动互联网累计接入流量的增长以及移动互联网用户的增加，互联网营销也随之由PC端向移动端迁移。根据《2018年通信运营业统计公报》统计，2018年，移动互联网接入流量消费达711亿GB，同比增长189.1%，比2017年提高26.9个百分点。根据CNNIC发布的《第43次中国互联网络发展状况统计报告》，截至2018年12月，我国网民规模达8.29亿人，全年共计新增网民5 653万人，互联网普及率为59.60%，较2017年年底提升了3.8个百分点；我国手机网民规模增至8.17亿人，网民中使用手机上网人群的占比由2017年的97.5%提升至98.6%。根据统计数据，移动互联网用户数量将以每年3.4%的年均复合增长率增长，到2022年预计达到11亿人，普及率预计达到79%，并推动移动互联网广告收入的市场占整体互联网广告收入的比例预计达到72.2%。

竞争格局分析：互联网营销行业竞争较为充分，从业企业数量较多，行业整体集中度较低。近年来，基于互联网营销产业的广阔前景，行业内并购频繁。行业并购主要涉及传统营销集团的并购、产业链上下游的并购以及跨界并购。随着互联网营销领域内优秀企业的不断成长、壮大，领先企业与大量弱势企业之间的差距将会拉开，领先企业将在立足于内涵式发展的基础上，在不断扩大自身业务规模的同时，通过外延式并购扩大市场份额。互联网营销领域的行业整合将不可避免，行业集中度也会随行业整合的日渐深入而不断提高。2013—2022年互联网广告市场发展趋势见图6-9。

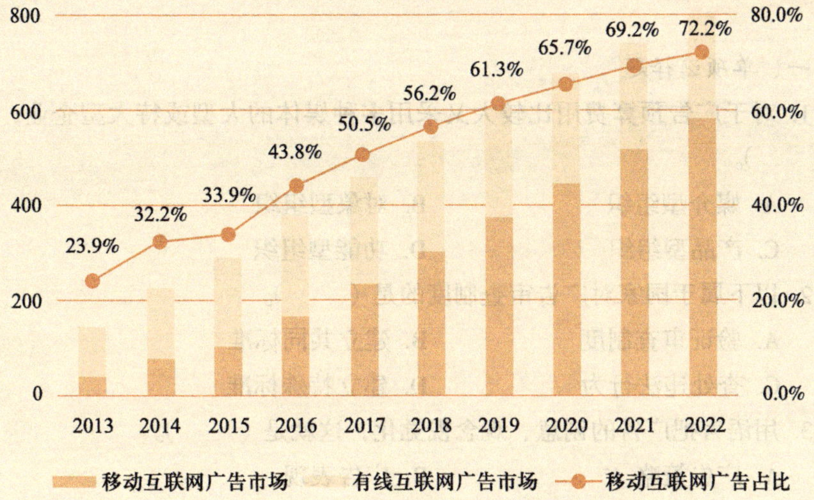

图6-9　2013—2022年互联网广告市场发展趋势

资料来源：中商产业研究院。

小试牛刀 6-1：广告表现、实施策略和效果评估

［实训目标］

培养学生认知广告表现方法和策略的能力与广告效果评估的能力。

［实训内容］

以小组为单位，对所在地区近期开展得比较典型的广告活动就广告表现、实施策略和效果进行调研。

［实训操作］

（1）让学生了解活动的内容和要求。

（2）将全班学生每9～12人分为一组，并选出小组负责人。

（3）各小组根据广告表现、实施策略和效果评估等内容进行分工。

（4）小组长带领小组成员进行。

［成果要求］

（1）每个小组提交一份调研报告。

（2）给各小组所提交报告打分。

（3）根据对作品的贡献，为每位学生评估打分。

（4）每名同学的实训成绩由小组的分数与个人分数各50%组成。

同步训练

一、单项选择题

1. 对于广告预算费用比较大又采用多种媒体的大型或特大型企业，宜采用（　　）。

A. 媒介型组织　　B. 对象型组织

C. 产品型组织　　D. 功能型组织

2. 以下属于国家对广告审查制度的是（　　）。

A. 验证审查制度　　B. 建立共同标准

C. 查处违法行为　　D. 建立特殊标准

3. 用语言把广告的创意、观念视觉化，这就是（　　）。

A. 广告策略　　B. 广告表现

C. 广告法则　　D. 广告形式

4. 广告的最终目的是劝说消费者（　　）。

A. 注意　　B. 购买

C. 理解　　D. 传播

5. 以下不属于广告心理效果事中测定方法的是（　　）。

A. 评分测定法　　B. 雪林测定法

C. 专家意见综合法　　D. 市场测验法

二、多项选择题

1. 根据在广告活动中的职能与任务的不同，广告组织可分为（　　）。

A. 企业广告组织　　B. 电视广告组织

C. 媒体广告组织　　D. 专业广告组织

E. 职能广告组织

2. 广告行政管理的主要依据是（　　）。

A. 广告法　　B. 法规

C. 相关政策　　D. 自定管理办法

E. 罚款

3. 广告管理的主要形式有（　　）。

A. 国家监管　　B. 行业自律

C. 企业内部控制　　D. 社会监督

E. 自己定

4. 广告表现 AIDMA 法则包括（　　）。

A. 注意　　B. 兴趣

C. 欲望　　D. 记忆

E. 行动

5. 影响广告区域选择的环境因素有（　　）。

A. 国际环境　　B. 产业环境

C. 企业环境　　D. 产品环境

E. 自然环境

6. 以下属于广告时机策略的有（　　）。

A. 平时时机　　B. 季节时机

C. 黄金时机　　D. 重大活动时机

E. 节假日时机

7. 从广告的覆盖方式角度看，以下属于广告区域选择策略的有（　　）。

A. 特殊覆盖策略　　B. 脉冲刺激策略

C. 重点覆盖策略　　D. 全面覆盖策略

E. 渐次覆盖策略

8. 关于广告效果的正确认识有（　　）。

A. 广告效果是广告运动追求的终极目标

B. 广告效果等于销售效果

C. 广告效果的评估主要是广告传播效果

D. 广告效果是检验广告运动成败的唯一标准

E. 广告效果是追求利润最大化

9. 以下属于广告效果测定原则的是（　　　　）。

A. 经济性原则　　　　B. 经常性原则

C. 综合性原则　　　　D. 可靠性原则

E. 针对性原则

三、简答题

1. 媒体广告组织的职能和任务有哪些？

2. 违法广告行为有哪些？试举出具体的事例，谈谈如何追究其违法责任。

3. 如何选择广告表现的策略？

4. 广告心理效果的事前测定有哪些基本方法？你认为有必要进行广告效果的事前测定吗？

技能训练

实训项目　广告效果评估

一、实训目标

通过广告效果评估实训，学生应该能够做到利用广告测评的各项指标以及评估方法对企业广告活动效果进行测评。

二、背景资料

经纬广告公司受Q牌老坛酸菜牛肉面的厂家委托，对其Q牌老坛酸菜牛肉面新推广广告的活动效果进行测定。现就广告的活动测定介绍如下：

此次测定主要是对其新推出的电视推广广告进行测定，测定期定为冬季计30天。活动前半期（18天）将该牌每包实价3.8元的方便面降低为2元，目的是尽量争取更多的人食用，是一种试食销售的活动，广告战略的重点是令消费者彻底知悉这种速食面。广告活动后半期（12天），停止试食销售，恢复原来价格，其后由以提高知名度为目的的商品电视广告取代。

1. 效果测定的目的。在Q牌老坛酸菜牛肉面新推广广告活动期间，测定Q牌老坛酸菜牛肉面的大众传播媒体广告在消费者购买行为的心理方面及实际购买方面的影响——零售店的销售效果，从这两方面测定大众传播媒体的广告效果。

2. 效果测定的方法有以下两种。

（1）消费者调查。对进入两家超市的顾客进行访问。在广告活动期间这种访问调查共实施两次：第一次调查于活动开始后第 8 天实施；第二次调查于活动刚刚结束后马上实施。被调查人数两次均为 300 人。

（2）销售量调查。用盘存方式每日调查该品牌及竞品的销售量。

3. 广告投放量。活动期间所用的广告媒体包括电视、POP 及传单，其中以电视媒体使用最多。

4. 测定结果如下：

（1）广告的认知效果如表 6-4、表 6-5、表 6-6 所示。

表 6-4　广告接触率统计表

项目	第一次调查（%）	第二次调查（%）
接触过	47.3	47.9
从电视	27	33.6
从厂商的POP广告	4.6	4.3
从超市的POP广告、传单	15.7	10
未接触过	52.7	52.1
合计	100	100

表 6-5　知名度统计表

项目	第一次调查（%）	第二次调查（%）
知道	29.3	29.2
不知道	18.0	18.7
合计	47.3	47.9

表 6-6　广告内容的记忆率统计表

项目	第一次调查（%）	第二次调查（%）
正确	10.3	17.3
无记忆	31.7	30.5
误答	5.3	0.1
合计	47.3	47.9

（2）广告的销售结果如表 6–7、表 6–8 所示。

表 6–7　购买率统计表

项目	第一次调查（%）	第二次调查（%）
接触过广告且知道商品名称的购买者	14.7	28.6
接触过广告且知道商品名称的未购买者	14.6	0.6
连广告活动都不知道的购买者	14.6	18.5

表 6–8　AEI 法的销售效果比较统计表（单位：人）

项目		看过广告	未看过广告	合计人数
第一次调查	购买广告商品	44	8	52
	未购买广告商品	98	150	248
	合计人数	142	158	300
第二次调查	购买广告商品	88	20	108
	未购买广告商品	57	135	192
	合计人数	145	155	300

三、实训要求

1. 能够从广告对消费者的心理影响程度和行为表现进行广告效果评估。

2. 能够运用各指标的计算公式运算，根据运算结果评估广告效果。

3. 能够根据广告效果测定结果和评估情况，为该企业加快 Q 牌老坛酸菜牛肉面市场拓展提供对策。

4. 能够完成广告效果评估报告，以及根据报告形成该企业后期广告宣传可行性建议。

四、实训步骤

1. 回顾广告效果的类型。

（1）按广告的涵盖内容和影响范围划分为：(　　　　　)

（2）按广告活动的测定程度划分为：(　　　　　)

（3）按广告产生效果的时间长短划分为：(　　　　　)

（4）按广告对消费者的心理影响程度和行为划分为：(　　　　　)

2. 根据背景材料，请选择此次实训背景材料中进行广告效果评估采用哪种划分方式，请填写其序号（　　　　）。

（1）按广告的涵盖内容和影响范围划分

（2）按广告活动的测定程度划分

（3）按广告产生效果的时间长短划分

（4）按广告对消费者的心理影响程度和行为划分

3. 根据评估广告效果的类型，列举具体的评价指标。

4. 运用计算公式进行各指标运算，检测运算结果。

5. 结合测定情况和各指标运算结果，对广告效果进行分析、评估。

6. 根据广告效果测定结果和评估情况，为该企业加快 Q 牌老坛酸菜牛肉面市场拓展提供广告宣传建议。

7. 小组完成广告效果评估报告。

8. 团队项目实训小结分享。

格式如下：

团队实训内容

广告效果评估实训小结分享 团队名称： （正文）
其他说明：

修改并完善以上内容后，以团队为单位，以组长为主发言人（其他人可补充），每组发言时间为 5~8 分钟。

教师总结点评，其他团队随机点评。

五、实训成果

1. 掌握广告效果的类型；

2. 能够熟练运用各种广告效果的评估指标评估广告效果；

3. 撰写广告效果评估报告并根据报告形成的后期广告宣传提供可行性建议。

能力测评

专业能力自评

	能/否	任务名称
通过学习本章，你		养成关注广告表现与实施策略的意识，形成重视广告效果的习惯
		分析和把握具体广告表现与实施策略，掌握广告效果评估的基本方法
		结合具体的广告，分析广告表现与实施策略
通过学习本章，你还		明确广告组织与管理的要求
		熟悉广告效果评估的原则与程序

核心能力自评

	核心能力	是否提高
通过学习本章，你的	信息获取能力	
	书面表达能力	
	解决问题能力	
	团队合作精神	
通过学习本章，你认识到的商业文化与素养有	关注广告效果的习惯意识	
	理解组织与管理规范的能力	
自评人（签名）：　　年　月　日		教师（签名）：　　年　月　日

注：“是否提高”一栏可填写“明显提高”“有所提高”“没有提高”。

参考文献

[1] 吕巍. 广告学. 北京：北京师范大学出版社，2006.

[2] 托马斯·C.奥奎因，克里斯·T.艾仑，理查德·J.西曼尼克. 广告学. 兰天，译. 大连：东北财经大学出版社，2010.

[3] 郑欢. 广告学. 上海：华东师范大学出版社，2013.

[4] 卫军英，王佳. 广告经营管理. 北京：北京大学出版社，2013.

[5] 陈培爱. 现代广告概论. 北京：首都经济贸易大学出版社，2013.

[6] 肯尼思·E.克洛，唐纳德·巴克. 广告、促销与整合营销传播. 5版. 北京：清华大学出版社，2012.

[7] 管益杰，王詠. 现代广告心理学. 3版. 北京：首都经济贸易大学出版社，2012.

[8] 林升梁. 整合品牌传播学. 厦门：厦门大学出版社，2008.

[9] 孙平. 平面广告创意与设计. 北京：中国人民大学出版社，2012.

[10] 王怀明. 广告心理学原理. 北京：清华大学出版社，2012.

[11] 黄升民. 新媒体激变：广告2.0时代新媒体真相. 北京：中信出版社，2008.

[12] 沃纳·塞弗林. 传播理论：起源、方法与应用. 北京：华夏出版社，2002.

[13] 舒咏平. 品牌传播：新媒体环境下广告内涵演进的取向. 中国广告，2009(10).

[14] 刘艳. 中国电视购物频道的精准定位及内容创新. 长江大学学报(社会科学版)，2012(2).

[15] 汪涛. 广告学. 武汉：武汉大学出版社，1998.

[16] 周象贤，金志成. 卷入影响广告理性诉求信息加工效果的眼动研究. 心理学报，2009(4).

[17] 赵毅衡. 符号学. 南京：南京大学出版社，2012.

[18] 易前良. 美国电视研究的学术源流. 北京：中国传媒大学出版社，2010.

[19] 段鹏. 传播效果研究：起源、发展与应用. 北京：中国传媒大学出版社，2008.

[20] 郑承志. 广告原理与实务. 北京：高等教育出版社，2015.

主编简介

郑承志，汉族，1964年9月生，安徽太湖人，江西财经大学工商管理专业毕业，研究生学历，工商管理硕士，经济学教授，硕士生导师。现任安徽商贸职业技术学院副院长、党委委员，是安徽省高职高专市场营销专业带头人。

2000年以来，先后在《华东经济管理》《教育与职业》《学术界》《商业时代》等15种省级以上刊物公开发表学术论文30余篇，出版主编教材与专著18本；主持、参与省级以上教科研项目17个，其中主持项目7个；获得国家级教学成果二等奖1个，省级教学成果特等奖1个、一等奖2个、二等奖3个、三等奖3个。

2003年以来，郑承志先后荣获安徽省“五一劳动奖章”、安徽省高等学校省级教学名师和安徽省省级教学管理先进工作者。